Nora Kircher · Heilen, pflegen, kochen mit Speiseölen

Beliebte Ernährungsratgeber von Nora Kircher bei Jopp/Oesch

Cholesterinarm leben
Praktischer Ernährungsratgeber bei zu hohen Blutfettwerten.
Mit über 100 Rezepten. 5. Auflage

Eiweißallergie
Praktischer Ratgeber für ein Leben ohne tierisches Eiweiß.
2. Auflage

Leben ohne Gluten
Ratgeber für Zöliakie, Sprue und Getreideallergie.
Mit über 100 Rezepten. 4. Auflage

Milchallergie und Laktoseintoleranz
Praktischer Ratgeber mit Einkaufshilfen und über 100 Rezepten.
10. Auflage

Milchfrei leben – glutenfrei leben
Ratgeber für Laktoseintoleranz und Zöliakie. Mit über
100 Rezepten. 10. Auflage

Purinarm leben
Praktischer Ernährungsratgeber bei Gicht. Mit über 100 Rezepten.
6. Auflage

Leben ohne Zucker
Süße Alternativen zu Haushaltszucker – mit über 100 Rezepten
Neu!

In Ihrer Buchhandlung.
Programminfo unter:
www.oeschverlag.ch
www.oeschverlag.de

Nora Kircher

Heilen, pflegen, kochen mit

Speiseölen

Geheimnisse der Öle mit über 200 Anwendungen und Rezepten

Jopp
Oesch

3. Auflage 2002

Umschlaggestaltung: Kreativ Design Gerd Aumann, Wiesbaden
Druck und Bindung: Druckerei Fritz Steinmeier, Nördlingen
Printed in Germany

ISBN 3-0350-5034-1

Gern senden wir Ihnen unser Verlagsverzeichnis:
Oesch Verlag, Jungholzstraße 28, 8050 Zürich
E-Mail: info@oeschverlag.ch
Telefax 0041/1 305 70 66 (CH: 01/305 70 66)

Unser Buchprogramm finden Sie im Internet unter:
www.oeschverlag.ch
www.oeschverlag.de

Inhaltsverzeichnis

Vorwort

Wie es zu dem Buch kam

Schon als Jugendliche konnte ich mich nicht für Kosmetikartikel begeistern. Selbst die große Familiendose Creme im Badezimmer hat mich nicht gereizt. Ich spülte aber täglich die Geschirrberge der Familie ab und litt, wie viele „Hausfrauen", unter trockenen Händen. Nichts war einfacher, als in der Küche die nächste Speiseölflasche zu greifen und die Hände und Unterarme damit einzuölen. Mir war damals natürlich nicht bewußt, was ich mir da Gutes antat. Als ich anfing, mich für Ernährung zu interessieren, fand ich einiges über Speiseöle heraus und begann, sie gezielt – je nach Ölsorte – anzuwenden.
Die Angewohnheit, Speiseöle für die Haut zu benutzen legte ich nicht ab. Im Gegenteil, wie bei vielen Familienmitgliedern, wird meine Haut, je älter ich werde, immer trockener. Meiner Haut ist das Problem nicht anzusehen, und dank der Speiseöle habe ich lange, gesunde Haare.
Mit Speiseölen heilen ist eigentlich keine neue Erfindung. Weiß man doch schon seit der Antike, daß sie Heilwirkungen haben; zumindest können sie Leiden lindern. Heilpflanzen und deren konzentrierter Wirkstoff, die ätherischen Öle, können diesen Effekt unterstützen. So lernte ich durch die Pflanzenheilkunde den Umgang mit ätherischen Ölen kennen und fügte das Wissen zusammen. In meinem Familien- und Freundeskreis stieß ich mit meinen Ölgeschenken auf große Begeisterung und wurde nach mehr Informationen gefragt.
Schaut man auf die Inhaltsstoffe von herkömmlichen Cremes und Babypflegemitteln und entdeckt dort die Inhaltsstoffe: Vaseline, Petrolatum (Petroleum) und Paraffinum (Paraffin), alles Produkte aus Erdöl, ist die Begeisterung für meine „natürlichen" Ölgeschenke verständlich.
Für dieses Buch habe ich bewußt nur 10 ätherische Öle ausgewählt. Mit

diesen Ölen kann man eine kleine Hausapotheke einrichten und deren Wirkung schnell nachschlagen.
Jedes der im Buch behandelten Speiseöle hat eine bestimmte, typische Eigenschaft.
Selbstverständlich ersetzen diese Öle nicht den Besuch beim Therapeuten oder der Therapeutin, vor allem dann nicht, wenn es sich um schwere Erkrankungen handelt.

Meine Ölbar

Ich habe einige der Speiseöle, alle 10 ätherische Öle und die 4 Heilpflanzen immer im Haus. Gegen Gelenk- und Muskelbeschwerden habe ich stets einen Ölauszug vorrätig und filtere mir je nach Bedarf eine kleine Menge ab.
Die Rezepte mit ätherischem Öl mische ich nur nach Bedarf an. Wenn ich am Vortag weiß, welche Mischung ich benötige, stelle ich das Öl schon an diesem Tag her. So kann es vor dem Gebrauch reifen.
Ölmischungen, die ich täglich für die Gesundheit oder Pflege verwende, bevorrate ich in Pumpflaschen.
Die unverdünnten Küchenöle habe ich in dekorative, unterschiedliche Flaschen gefüllt. Meine Ölbar ist somit nicht nur praktisch, sondern auch eine echte Dekoration in unserer Küche. Damit jeder in der Familie erkennt, in welcher Flasche welches Öl ist, habe ich die Etiketten am Flaschenboden angebracht.

Einführung Speiseöle

Gewinnung

Wunder Natur

Samen fallen im Herbst von den Pflanzen ab und „überwintern" schutzlos bis zum Frühling auf dem Boden. Das Fett im Samen (oder Keim) schützt ihn wie ein Frostschutzmittel vor der Kälte, so daß er im Frühjahr austreiben kann. Er hat zusätzlich einen Schutz aus Stärke. Bei Getreide ist das der größere Anteil, aus ihm wird Mehl gemahlen; bei Nüssen schützt die Schale.
Mais- und Weizenkeimöl stammen also nur aus einem kleinen Teil des Korns. Dabei fällt – vor allem bei Weizenkeimöl – eine Menge Stärke bzw. Mehl an. Das „keimlose" Mehl ist anschließend länger haltbar, Sie kennen es als sogenanntes Weiß- oder Auszugsmehl. Der fetthaltige Keim würde ranzig werden und das Mehl verderben. Da dies aber nicht binnen kurzer Zeit geschieht, ist natürlich das keimhaltige, sogenannte Vollkornmehl wesentlich gesünder.
Olivenöl stammt aus dem Fruchtfleisch, das den Kern ummantelt.

Herstellung industrieller Speiseöle

Für die meisten Speiseöle werden die Ölsaaten und Nüsse gemahlen und mit Lösungsmitteln wie Hexan oder Leichtbenzin heiß ausgewaschen. Anschließend werden diese Lösungsmittel per Destillation wieder entzogen. Um die Begleitstoffe, also Säuren, Schleimstoffe, Bitterstoffe und dergleichen, zu entfernen, wird das Öl anschließend mit Natronlauge, Phosphorsäure, Bleicherden und Aktivkohle raffiniert. Dabei gehen aber alle Vitamine, Geschmacksstoffe und wertvollen Wirkstoffe verloren.

Das so entstandene Industriefett wird mit Carotin gefärbt und mit Vitamin E haltbarer gemacht.
Die Saaten und Nüsse für diese Öle stammen aus konventionellem Anbau und sind dementsprechend mit Pestiziden behandelt und mit Kunstdünger angebaut worden.

Herstellung hochwertiger Speiseöle

Besonders schonend sind Kaltpreßverfahren auf Kollermühlen oder mit Spindelpressen. Die meisten angewendeten Ölsaaten werden ohne Pestizide und Kunstdünger angebaut, sie stammen also aus biologischem Anbau.
Die wirklich hochwertigen Öle werden aus ungerösteten Ölsaaten durch Kaltpressung gewonnen. Hierbei entsteht eine für die gesunden Inhaltsstoffe unschädliche, mechanische Reibungstemperatur von 40–60 °C. Das so gewonnene Speiseöl wird nur noch durch Papier oder Baumwolle gefiltert und abgefüllt. Es enthält alle seine gesunden Inhaltsstoffe, wie Mineralien, Vitamine, Enzyme, den Geschmack und natürlich die mehrfach ungesättigten Fettsäuren.
Kurz haltbares Öl, z. B. Leinöl, gibt es zur Verlängerung der Haltbarkeit vakuum abgefüllt.

Öle aus gerösteten Ölsaaten

Einige Hersteller rösten die Ölsaaten mit 160–180 °C vor dem Pressen, um den beliebten, nussig-aromatischen Geschmack zu erhalten.
Diese Speiseöle verlieren natürlich ihre gesunden Vitamine, Wirkstoffe und Enzyme. Sie sind also nicht mehr so gut geeignet für kosmetische und therapeutische Zwecke. Selbstverständlich richten sie keinen Schaden an.
In der Ölmühle Solling zum Beispiel bekommen Sie eine große Auswahl Speiseöle aus ungerösteten Samen und Nüssen.

Die Bedeutung der Fettsäuren

Gute wertvolle Speiseöle müssen kalt gepreßt sein, denn nur so bleiben die für die Gesundheit so wertvollen und wichtigen mehrfach ungesättigten Fettsäuren sowie die empfindlichen Vitamine erhalten.
Werden dem Körper zweifach ungesättigte Fettsäuren zugeführt, ist er in der Lage, selbst dreifach ungesättigte, lebenswichtige Fettsäuren zu bilden.
Gesättigte Fettsäuren, wie sie in tierischen Fetten sowie Palm- und Kokosfett enthalten sind, fördern die Kalkablagerung in den Blutgefäßen – es kommt zur gefürchteten Arteriosklerose, die eine Durchblutungsstörung an den durch Kalkablagerungen verengten Gefäßstellen nach sich zieht und dort ein erhöhtes Infarktrisiko herbeiführt.

- Für die Aufnahme der fettlöslichen, lebenswichtigen Vitamine A, D, E, K (leichter läßt sich (E)DEKA merken) benötigt der Körper Fette.
- Die für die Verdauung notwendigen Gallensalze werden bei ihrer Entstehung durch Fette unterstützt.
- Ungesättigte Fettsäuren helfen bei der Bildung von Gewebshormonen (Prostaglandin) zur Regelung der Durchblutung, zur Blutdruckregulierung, und sie schützen die Gefäßwände.
- Fette unterstützen die Energiegewinnung.
- Fette sind Energiedepots des Körpers.

Welche Fettmenge benötigt der Mensch?

Die meisten Fette in der Nahrung sind versteckt und werden daher unwissentlich gegessen. Dies gilt insbesondere für Fleisch- und Milchprodukte. Natürlich wissen wir alle, daß in diesen Speisen Fette enthalten sind, sind uns aber vielleicht nicht der Menge bewußt. Diese tierischen Fette sind auch für den Organismus wichtig, aber noch wichtiger sind die pflanzlichen Fette, insbesondere die mit mehrfach ungesättigter Fettsäure.
Wie so oft bei solchen Zahlen, sind die Angaben über die essentielle Menge bei jeder Empfehlung unterschiedlich. Deshalb werde ich sie hier nicht zitieren.
Meine Empfehlung: Essen Sie in geringer Menge tierische Fette, und fügen Sie jedem gekochten Gemüse, kurz vor dem Servieren, einen „Schuß" gutes kaltgepreßtes Speiseöl Ihrer Wahl zu. Der möglichst tägliche Salat, beispielsweise als Vorspeise, sollte immer mit einem gesunden Speiseöl angerichtet werden.

Statt Palm-oder Kokosfett zum Braten und Fritieren verwenden Sie Oliven-, Raps- oder Erdnußöl.
Gesunde Menschen können aus zweifach ungesättigten Fettsäuren (Linolsäure) durch den Einfluß von Enzymen selbst dreifach und vierfach ungesättigte Fettsäuren bilden. Bei Menschen mit Allergien ist dieser Vorgang oft gestört. Leinöl hat einen sehr hohen Anteil Alpha-Linolensäure (57 %, dreifach ungesättigte Fettsäure).
Walnußöl hat sogar 5–7 % noch wertvollere Gamma-Linolensäure (dreifach ungesättigte Fettsäure).
Menschen mit Allergien, Neurodermitis und Milchschorf sollten also beide Öle täglich in der kalten Küche verwenden und Leinöl als Hautöl benutzen.

Was bedeutet mehrfach ungesättigte Fettsäure?

Ich versuche es hier vereinfacht auszudrücken:
Fette bestehen aus Glycerin und verschiedenen Fettsäuren. Die qualitätsbestimmenden Fettsäuren haben ein Gerüst aus einer unterschiedlichen Menge Kohlenstoffatome. Diese haben jeweils vier „Arme". Jeder dieser „Arme" möchte besetzt sein, eine Verbindung eingehen. Zwei der Arme sind vergeben, weil die Kohlenstoffatome eine Kette bilden,
– C – C – C –, die unterschiedlich lang sein kann.
An den beiden noch freien Armen der Kohlenstoffatome sitzen entweder Wasserstoffatome – oder sie verbinden sich ebenfalls mit den Kohlenstoffnachbarn, es entsteht eine – C = C – - Doppelbindung, also eine ungesättigte Fettsäure. Teilen sich die beiden zusammenliegenden Arme der Doppelbindung wieder auf, nehmen sie Wasserstoffatome auf und werden zu gesättigten Fettsäuren.
Bei der Herstellung von Margarine wird diese Eigenschaft genutzt, denn diese ungesättigten Fettsäuren werden durch Einbringung von Wasserstoff zu gesättigten Fettsäuren hydriert.
Hier ein Beispiel für die chemische Formel der dreifach ungesättigten Linolensäure:

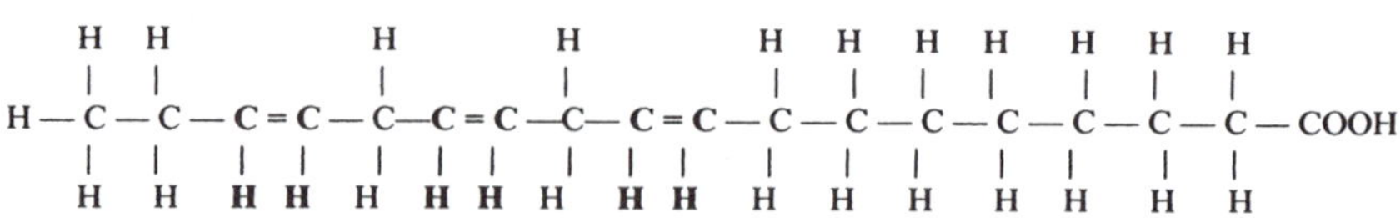

I — = bedeutet „Arme", C = Kohlenstoffatom, H = Wasserstoffatom, O = Sauerstoffatom

Je gesättigter die Fettsäure, desto härter ist das Fett. Das bedeutet, daß der Schmelzpunkt höher liegt. Fette mit gesättigten Fettsäuren, beispielsweise Kokos- oder Palmfett, sind bei Zimmertemperatur fest. Alle anderen Pflanzenöle enthalten einen Teil ungesättigter Fettsäuren und sind entsprechend flüssig. Eine Ausnahme bilden Erdnuß-, Sesam- und Olivenöl. Auf Grund ihrer bestimmten Zusammensetzung bekommen sie im Kühlschrank eine „butterige Konsistenz". Die Öle werden bei Zimmertemperatur wieder weich und erleiden keinen Schaden.

Man unterscheidet zwischen:

- gesättigter Fettsäure (Stearinsäure)
- einfach ungesättigter Fettsäure (Ölsäure)
- mehrfach ungesättigter Fettsäure:
  - a) zweifach ungesättigte Fettsäure (Linolsäure)
  - b) dreifach ungesättigte Fettsäure (Linolensäure, Alpha-[α-] Linolensäure und Gamma-[γ-]Linolensäure)
  - c) vierfach ungesättigte Fettsäuren (Arachaidonsäure)
  - d) fünffach ungesättigte Fettsäure (Eicosapentaensäure)

Fettsäurezusammensetzung verschiedener Fette

Alle Angaben sind Prozentangaben und nur Mittelwerte, da diese stark abhängig sind von der Bodenbeschaffenheit des Anbaugebiets, dem Wetter und der Sorte der Pflanze. Ich habe sie aufgeführt, damit Sie anhand der Liste schnell erkennen können, welches Speiseöl wofür geeignet ist.

- Alle Fette mit einem hohen Anteil gesättigter Fettsäuren sind nicht so gesund, können aber erhitzt werden, ohne daß dabei gesundheitsschädliche Verbindungen entstehen.
- Ist der Anteil einfach ungesättigter Fettsäuren hoch, darf das Öl erhitzt werden und ist trotzdem gesund.
- Alle Öle mit einem hohen Anteil mehrfach ungesättigter Fettsäure sind nicht zum Erhitzen geeignet, dafür aber die gesündesten.

(Tabelle s. nächste Seite)

Fett oder Öl	gesättigt	1fach	2fach	3fach (α)/	3fach(γ)
Butter	64	33	3		
Distelöl	10	13	76	1	
Erdnußöl	18	58	24		
Hanföl	9	40	44	7	
Haselnußöl	8	78	14		
Heringsöl	22	56	22		
Kokosfett	91	7	2		
Kürbiskernöl	19	28	53		
Leinöl	10	18	15	57	
Maiskeimöl	13	34	53		
Mandelöl	8	70	22		
Mohnöl	10	28	62		
Nachtkerzenöl	10	17	63		10
Olivenöl	15	76	9		
Palmfett	51	38	11		
Palmkernfett	82	15	3		
Rapsöl	6	65	20	9	
Rindertalg	52	44	4		
Schweineschmalz	41	49	10		
Sesamöl	9	19	59	13	
Sojaöl	15	21	64		
Sonnenblumenöl	10	30	60		
Traubenkernöl	10	19	71		
Walnußöl	6	24	55	9	6
Weizenkeimöl	16	22	62		

(Die Borretschpflanze hat sogar einen γ-Linolensäure-Anteil von 25–40 %)

Qualitätsbezeichnungen für Speiseöle

Leider gibt es nur sehr wenige Richtlinien und eine Menge irreführender Bezeichnungen bei Speiseölen. Zudem hat jedes Land eigene Bezeichnungen, die aber so ähnlich sind, daß man sie verstehen kann. Folgende Kriterien unterscheiden Speiseöle:

- Anbauart:

  a) *biologisch dynamischer Anbau* (Demeter) bedeutet, daß nur mit Kompost gedüngt, keine Pestizide eingesetzt werden und nach einem

Aussaatkalender, der sich nach dem Mond richtet, angebaut wird. Kontrolliert wird durch den Demeter-Bund.
b) *Kontrolliert biologischer Anbau* (kbA) oder *kontrolliert ökologischer Anbau* (köA) bedeutet, daß mit Mist gedüngt wird und keine Pestizide eingesetzt werden. Kontrolliert wird durch verbandseigene Kontrolleure.
c) *konventioneller Anbau* bedeutet, daß nicht unter biologischen Gesichtspunkten angebaut wird.

Wirklich biologisch, ökologisch oder nach Demeter angebaute pflanzliche Produkte werden von den entsprechenden Verbänden kontrolliert und müssen eine Kontrollnummer auf dem Etikett haben, z. B. „DE 001 – Ökokontrollstelle" (oder eine höhere Zahl). Die Bezeichnungen „Bio" oder „Öko" allein garantieren keinen entsprechenden Anbau.

- Gewinnung (Preßtemperatur, je nach Sorte maximal 40 °C und nur bei Nüssen bis 60 °C):
  a) *Kaltpressung, nativ* oder *Erste Kaltpressung*
  b) *Zweite Pressung* (ist keine Kaltpressung)

Speiseöle aus konventionellem Anbau sind selten kalt gepreßt, denn bei Heißpressung ist der Ertrag wesentlich höher. Haben die Speiseöle keine Kennzeichnung bezüglich des Inhalts und kosten auch nur sehr wenig, sind es meistens Mischungen verschiedener Öle. Diese Speiseöle sind nicht sehr hochwertig, sie sollten deshalb nicht verwendet werden.
Selbstverständlich gibt es auch Kaltpressungen aus konventionellem Anbau, diese sind dann entsprechend gekennzeichnet. Die Pflanzen können aber mit Kunstdüngemitteln und Pestiziden behandelt worden sein, sie tragen keine Biokennzeichnung.
Bedauerlicherweise gibt es, außer bei Olivenöl, keine gesetzlichen Regelungen für die Qualitätsbezeichnungen.

EU-Richtlinien für Olivenöl:

- „Olivenöl" (ohne weitere Bezeichnungen) sind Verschnitte aus raffinierten und nativem Olivenöl, wobei der native Anteil nur sehr gering sein kann.
- „Raffiniertes Olivenöl" ist reines Olivenöl, raffiniert, geschmacks- und geruchlos.
- „Natives Olivenöl", „vergine", „"Kaltpressung" (oder Zentrifugierung), ohne Zusätze, nur gefiltert (zum Braten; für Salate und Rohkost).
- „Natives Olivenöl extra", „extra vergine", „Kaltpressung", ist von höchster Qualität bezüglich Geschmack und Geruch (für Salate und Rohkost; zum Braten).

Der Speiseöleinkauf

Wenn ich ein gutes Speiseöl kaufen möchte, gehe ich in den Naturkosthandel oder in ein Reformhaus und kaufe ein Speiseöl aus biologischem Anbau mit einer EU-Kontrollnummer. Ich achte auf die Art der Gewinnung und natürlich auf das Haltbarkeitsdatum. Es sollte noch, je nach Öl, mindestens ein halbes Jahr verwendbar sein.
Alle Öle sollten sich in dunklen Flaschen befinden. Ware aus sonnenbeschienenen Regalen würde ich nicht kaufen, denn alle Speiseöle sind lichtempfindlich.
Im Anhang finden Sie eine Auswahl an Adressen von Firmen, die Informationen über ihre Speiseölherstellung haben. Alle diese Firmen bieten Speiseöle aus kontrolliert biologischem Anbau an oder stellen es her und versenden gerne Informationen.

Haltbarkeit

Wie schon erwähnt, sind kaltgepreßte Speiseöle nicht sehr lange haltbar. Mit 4–8 Wochen ist Leinöl besonders kurz haltbar. Je höher jedoch der Gehalt an Vitamin E (Tocopherol), desto länger ist das Öl genießbar. Weizenkeimöl hat davon einen hohen Anteil und hält deshalb beinahe 2 Jahre. Setzt man also dieses Speiseöl bis zu 20 % einem anderen Öl zu, wird jenes haltbarer. Leider gibt es dafür keine „Zeittabelle", aber mit einer empfindlichen Zunge ist schon leichtes Ranzigwerden eines Öls feststellbar. Man sollte also nur eine kleine Auswahl Speiseöle zur gleichen Zeit vorrätig haben und möglichst kleine Flaschen kaufen. Eine Ausnahme bilden hier Öle, die zum Braten verwendet werden. Diese benötigt man in größerer Menge und hat sie schnell verbraucht.
Die empfindlichen Speiseöle sollte man gekühlt aufbewahren, denn je höher die Lagertemperatur, desto schneller werden sie ranzig.
Nur Leinöl ist dann, zumindest zur Schuh- und Holzpflege, noch verwendbar. Alle anderen Speiseöle sind ungenießbar geworden, wertlos.

Kaufen Sie also keinen großen Vorrat, und verbrauchen Sie Speiseöle rechtzeitig.

Aufbewahrung

Alle Öle möglichst nur in dunkler Flasche oder an einem dunklen Ort aufbewahren.

Speiseöl	Monate	Ort
Distelöl	9	Raum*
Erdnußöl	12	Raum
Hanföl	9	Kühlschrank
Haselnußöl	6	Raum
Kürbiskernöl	12	Kühlschrank
Leinöl	1–2	Kühlschrank
Mandelöl	10	Raum
Mohnöl	9	kühler Raum
Olivenöl	12	Raum
Rapsöl	12	kühler Raum
Sesamöl	12	Raum
Sonnenblumenöl	9	Raum
Walnußöl	6	Kühlschrank
Weizenkeimöl	24	Raum

* ca. 20°C

Anwendungen in Gesundheit und Kosmetik

Speiseöl	Besonderheiten
Distelöl	relativ preiswert, universell anwendbar
Erdnußöl	bleibt lange auf der Haut, zur Massage geeignet
Hanföl	zieht schnell ein, tut der empfindlichen Haut gut
Haselnußöl	schützt Haut, zieht langsam ein
Kürbiskernöl	hilft gegen Prostatabeschwerden und Reizblase
Leinöl	lindert Schmerzen, tut der empfindlichen Haut gut
Mandelöl	Babypflege, Haarpflege
Mohnöl	zieht schnell ein
Olivenöl	gute Heilwirkung, lindert Schmerzen
Rapsöl	tut der unempfindlichen Haut gut
Sesamöl	Ölziehkur, Sonnenschutzfaktor 2
Sonnenblumenöl	Ölziekur, leicht desinfizierend, Sonnenschutzfaktor 2
Walnußöl	tut der Haut sehr gut
Weizenkeimöl	gut bei Akne

Anwendungen in der Küche

Speiseöl	zum Braten	für Salate	Besonderheit
Distelöl	nein	ja	preiswert, vielseitig
Erdnußöl	ja	bedingt	hoch erhitzbar
Hanföl *	nein	ja	aromatisch
Haselnußöl	bedingt	ja	nussiges Aroma
Kürbiskernöl *	nein	ja	schmeckt göttlich
Leinöl *	nein	ja	aromatisch
Mandelöl	nein	ja	nussiges Aroma
Mohnöl	nein	ja	vielseitig, lecker
Olivenöl *	ja	ja	Mittelmeerküche
Rapsöl	ja	ja	Universalöl, heimischer Anbau
Sesamöl	nein	ja	aromatisch
Sonnenblumenöl	nein	ja	schmeckt nussig
Brat-Sonnenblumenöl	ja	ja	Universalöl
Walnußöl	nein	ja	delikat
Weizenkeimöl *	nein	ja	aromatisch

* für einige Gerichte zu geschmacksintensiv.

Die Beschriftung selbstgemischter Öle

Für *Computerbeschriftungen* gibt es wasserfeste Etiketten, z. B. von der Firma Zweckform in der Größe 64,6 x 33,8 mm (Artikelnummer 4773). Es sind 20 Blätter DIN A4 mit je 24 Etiketten. Sie lassen sich mit Laserdruckern beschriften.
Für die *Handbeschriftung* gibt es eine Packung mit 180 Etiketten aus PE-Folie (Artikelnummer 3358). Sie haben die Größe 60 x 23 mm und lassen sich am besten mit einem wasserfesten Folienschreiber beschriften. Normalpapier-Etiketten saugen Öl auf und sehen anschließend unappetitlich aus. Für den Eigenbedarf und das Etikett auf dem Flaschenboden sind sie natürlich ausreichend.

- Kosmetik und Gesundheit:
  Um Verwechslungen zu vermeiden, den Anwendungsbereich auf ein Etikett schreiben und sichtbar auf die Flasche kleben. Die Zutaten

entweder auf das Flaschenbodenetikett schreiben oder mit auf das sichtbare Etikett.

- In der Küche:
  Aus dekorativen Gründen schreibe ich den Namen und das Haltbarkeitsdatum des Speiseöls auf ein Etikett und klebe dieses auf den Flaschenboden. Zusätzlich oder statt dessen kann man ein Kärtchen an den Flaschenhals hängen.

Einkaufslisten für das Arbeiten mit diesem Buch

Speiseöle

Kaufen Sie nicht alle Speiseöle gleichzeitig. Sie werden sie nicht schnell genug verbrauchen können. Einige Öle sind austauschbar, ebenso die im entsprechenden Kapitel erwähnten Rezepte.

- Distelöl, Erdnußöl, Hanföl, Haselnußöl, Kürbiskernöl, Leinöl, Mandelöl, Mohnöl, Olivenöl, Sesamöl, Sonnenblumenöl, Walnußöl, Weizenkeimöl.

Ätherische Öle

Einige der Öle, vor allem Kamille blau, sind zwar teuer, aber dafür auch sehr wirkungsvoll. Kamille blau können Sie auch durch einen Ölauszug ersetzen. Dieser benötigt allerdings mindestens 14 Tage „Reifezeit".

- Bay (*Pimenta racemosa*), 5ml
- Grapefruit (Pampelmuse, *Citrus decumana*), 10 oder 20 ml
- Kamille blau* (*Matricaria chamomilla*), 5 ml
- Lavendel (*Lavandula officinalis* oder *Lavandula angustifolia*), 10 oder 20 ml
- Pfefferminze* (*Mentha piperita*), 5 oder 10 ml
- Rosmarin* (*Rosmarinus officinalis*), 10 ml
- Sandelholz (*Santalum album*), 5 ml (nur bevorraten, wenn Hautprobleme bestehen)
- Speiklavendel (Spiklavendel, *Lavandula latifolia*) 5 ml
- Teebaum (*Melaleuca alternifolia*), 10 oder 20 ml
- Thymian* (*Thymus vulgaris* oder *Thymus zygis*), 5 oder 10 ml

* Bitte die Kontraindikationen auf Seite 30 beachten.

Heilkräuter

- Arnikablüten, getrocknet, 50 g
- Kamillenblüten, getrocknet, 100 g
- Ringelblume, geschnitten und getrocknet, 50 g
- Süßholzwurzel, geschält und getrocknet 100 g

Sie können diese Heilpflanzen in jeder Apotheke bekommen oder im Kräuterhaus Schulte bestellen (Adresse im Anhang).

Kräuter und dergleichen

für Gewürzöle, Eigenbedarf und als Geschenke. Natürlich können Sie auch hier auswählen

Mit jedem Öl, vorzugsweise Olivenöl, läßt sich aus den unten aufgeführten Zutaten ein dekoratives, aromatisches Speiseöl herstellen.

- Knoblauch, frisch (muß eingekocht werden)
- Lorbeerblätter
- Majoran, gerebelt
- Mandeln, geschälte
- Oliven
- Oregano, getrocknete ganze Zweige
- Peperonischoten, getrocknet
- Pfefferkörner, grün, rot, weiß und/oder schwarz
- Rosmarin, getrocknete ganze Zweige
- Thymian, getrocknete ganze Zweige
- Zwiebeln, frische kleine

Die richtige Flasche

Wie schon erwähnt, sollten die Speiseölflaschen dunkel sein oder die Öle an einer dunklen Stelle in der Küche stehen.

Zum Verschenken sind natürlich vor allem dekorative Flaschen geeignet. Bewahren Sie leere Flaschen auf. So zum Beispiel Nasentropfenflaschen für selbstgemachte Nasenöle, Medikamentenflaschen für Körper- und Heilöle, Likör- oder Whiskyflaschen und dergleichen für Kräuteröle. Korken gibt es in Bastelgeschäften. Alle Flaschen lassen sich mit heißem Wasser und natürlich Spülmitteln auswaschen. Gebrauchte Nasentropfenflaschen enthalten unter Umständen Keime, deshalb übergieße ich die im Spülbecken stehende Flasche und die Pipette mit kochendem Wasser.

Neue Flaschen bekommen Sie in Apotheken oder Geschenkläden.

- Kleine Flaschen, 10 ml mit Pipetten für Nasentropfen.
- Kleine Flaschen, 20–100 ml für Massageöle.
- Flaschen, > 100 ml für Körperöle.
- Flaschen, > 250 ml für Kräuteröle, für Geschenke dekorative, helle Flaschen; für den Eigenbedarf dunkle Flaschen.
- Gebrauchte Seifenspender und leere Flaschen mit Essigwasser auswaschen, trocknen lassen und für Massage- oder Körperöle verwenden.

Etiketten und Zubehör

- bunte Pappe, um daraus kleine Klappkarten zu falten
- schöner Faden, um diese Klappkarte an die Flasche zu hängen
- wasserfeste Etiketten
- wasserfester Folienschreiber

Weiteres Zubehör

- kleiner Trichter
- kleiner Meßbecher, ca. 100 ml
- Korken, neu oder gebraucht, sofern Sie Flaschen ohne Deckel haben
- kleines Küchensieb
- 1 Spritze (ohne Nadel), 1 ml
- 1 Spritze (ohne Nadel), 2 ml

Die 10 ätherischen Öle

Kleine Menge – große Wirkung

Hier nur die wichtigsten Wirkungen der ätherischen Öle auf körperlicher Ebene für die äußere Anwendung. In ätherischen Ölen ist der Pflanzenwirkstoff konzentriert enthalten. Teilweise genügt schon eine sehr kleine Menge, um große Wirkung zu erreichen. Deshalb gibt es, wie bei Medikamenten, auch bei ätherischen Ölen Kontraindikationen.

Kontraindikationen

(nicht verwenden bei...)

- *Schwangerschaft:* Rosmarin, Thymian, Bay
- *Bluthochdruck:* Rosmarin
- *Epilepsie:* Rosmarin, Pfefferminze
- *Säuglinge und Kleinkinder:* Rosmarin, Thymian, alle anderen ätherischen Öle nur in reduzierter Menge.
- *Erhöhung der Lichtempfindlichkeit:* Grapefruit nicht vor einem Sonnenbad auftragen, denn das Öl erhöht die Lichtempfindlichkeit für 24 Stunden. Es könnte braune Flecken auf der Haut geben.
- *Einnahme von homöopathischen Mitteln:* Kamille, Pfefferminze. Genaue Kontraindikationen können in der Antidodenliste (haben Therapeuten und Therapeutinnen, die mit Homöopathie arbeiten) nachgeschaut werden. Ätherische Öle und homöopathische Mittel dürfen nicht beieinander liegen.
- *Allergie:* Kann auf alle ätherischen Öle entstehen. Dies läßt sich mit einem einfachen Allergietest feststellen.

Allergietest

Hauttest für die äußere Anwendung (Gesundheit, Körperpflege):
Ein paar Tropfen Speiseöl in die hohle Hand füllen und einen Tropfen ätherisches Öl dazugeben. Diese Mischung in der Armbeuge verreiben und die Reaktion abwarten. Entsteht keine Rötung oder gar Quaddel, besteht keine Allergie.

Lippentest für die innere Anwendung (Küche):
1 Tropfen Speiseöl auf der Innenfläche der Unterlippe verreiben. Kommt es nach einigen Minuten oder auch Stunden zu keiner Reaktion, besteht wahrscheinlich keine Allergie.
Besteht eine Allergie auf Nüsse, ist es einen Versuch wert, einen solchen Test durchzuführen, da die allergieauslösenden Proteine (Eiweiße), Mykotoxine (giftiges Stoffwechselprodukt verschiedener Schimmelpilze) und wasserlöslichen Begleitstoffe im Speiseöl nicht mehr enthalten sind.
Dies gilt natürlich nicht für ätherische Öle und Heilpflanzen.

Vorsicht

Einige ätherische Öle können – pur aufgetragen – zu starker Hautirritation oder Einfärbung führen. Deshalb dürfen folgende Öle nicht unverdünnt verwendet werden:

- Kamille blau ist von intensiver blauer Farbe.
- Rosmarin reizt die Haut.
- Speiklavendel reizt empfindliche Haut.
- Thymian ist für jede Haut zu stark reizend.

Der Einkauf ätherischer Öle

Leider gibt es eine Menge Firmen, die unreine oder synthetische Öle für wenig Geld anbieten. Auf den ersten Blick ist dies auf dem Etikett nicht erkennbar. Deshalb hier ein paar wichtige Merkmale:
Einheitspreise für alle Öle oder gar extrem niedrige Preise bedeuten qualitativ minderwertige Mischungen oder künstlich hergestellte, therapeutisch wirkungslose Öle. Auch die Bezeichnung „reines ätherisches Öl" täuscht. Dieser Ausdruck besagt zwar, daß es nicht mit Alkohol oder Basisöl gestreckt wurde, beweist aber nicht, daß es tatsächlich nur aus der einen angegebenen Pflanze stammt.

Echte ätherische Öle haben folgende Informationen auf dem Etikett:

- deutscher Name
- lateinischer Name (siehe Einkaufsliste und Kurzvorstellung)
- Herkunft (Land)
- Anbauweise (z. B. Demeter, kbA, köA oder konventionell)
- 100 % natürliches ätherisches (oder auch etherisches) Öl
- Abfüllfirma
- Art der Gewinnung:
  – Kaltpressung (Zitrusschalen)
  – Wasserdampfdestillation, ist eine sehr gute, oft angewandte Methode.
  – CO_2-Extraktion („Absolute Öle"), eine sehr schonende, aber teure Art der Gewinnung.
  – Alkoholextraktion („Absolute Öle"), wie der Name schon sagt, wird das Öl mit Hilfe von Alkohol gewonnen.
  – Enfleurage („Absolues") ist die teuerste und hochwertigste Art der Gewinnung.
  – „Absolue-Öl" bedeutet Gewinnung mit Hilfe von Hexan (nicht sehr gesund).

Fehlt eine dieser Informationen, kann es sich um eine Fälschung oder einen Verschnitt handeln. Die Abfüllfirmen haben für jedes ihrer ätherischen Öle ein Analysenzertifikat, welches sie auf Anfrage zusenden. Wahrscheinlich werden Sie bei diesen Informationen aber mit so vielen Fachbegriffen konfrontiert, daß Sie diese nicht verstehen.
Tropft man 1 Tropfen ätherisches Öl auf ein Papiertaschentuch, muß sich der entstandene Fleck, außer bei Kamille blau, nach ein paar Stunden vollständig, ohne irgendwelche Rückstände, verflüchtigt haben. Ist dies nicht der Fall, ist es kein reines ätherisches Öl. Leider ist dieser Test keine 100%ige Garantie.

Kurzvorstellung der ätherischen Öle

Bay • Pimenta racemosa

Herkunft: Baybäume gehören zu den Myrtengewächsen. Die wachsen auf den Kanarischen Inseln, in Indien und in Afrika. Das ätherische Öl wird per Wasserdampfdestillation aus den Blättern und Samen gewonnen.

Hauptwirkung: wärmend und dadurch durchblutungsfördernd, nervenstärkend, anregend und haarwuchsfördernd.
Anwendung: Haarpackung, Massage, Badezusatz, Ölwickel, Öltücher.

Grapefruit / Pampelmuse • Citrus decumana

Herkunft: Grapefruit ist ein Zitrusgewächs. Die Frucht wächst auf Bäumen vieler südlicher Länder. Das ätherische Öl wird durch Kaltpressung aus der Schale gewonnen.
Hauptwirkung: stimmungsaufhellend, kühlend, stärkend und erfrischend.
Anwendung: Massage, Körperpflege, Badezusatz.

Kamille blau • Matricaria chamomilla

Herkunft: Kamille ist eine Blume die in West- und Südeuropa sowie in Nordafrika wächst. Das ätherische Öl wird aus der Blüte per Wasserdampfdestillation gewonnen.
Hauptwirkung: entzündungshemmend, krampflösend, bakterienhemmend
Anwendung: Einreibung, Massage, Körperpflege, Wickel, Öltücher.

Lavendel • Lavandula officinales / angustifolia

Herkunft: Der violett blühende Lavendel kommt aus den französischen Vor- und Hochalpen. Per Wasserdampfdestillation wird aus den handgepflückten Blüten das ätherische Öl gewonnen.
Hauptwirkung: Kaum ein anderes ätherisches Öl hat so viele Heilwirkungen: nervenstärkend, stimmungsaufhellend, beruhigend, wunddesinfizierend, hautpflegend, schmerzlindernd.
Anwendung: Körperpflege, Babypflege, Einreibung, Massage, Wickel, Badezusatz, Öltücher.

Pfefferminze • Mentha piperita

Herkunft: Die ursprünglich aus China kommende Pflanze wird inzwischen, in vielen Varianten, beinahe überall angebaut. Aus dem Kraut wird per Wasserdampfdestillation das ätherische Öl gewonnen.
Hauptwirkung: kühlend, schmerzlindernd, fiebersenkend, erfrischend.

Anwendung: Einreibung, Massage, Wickel, Öltücher.

Rosmarin • Rosmarinus officinalis

Herkunft: Diese Gewürzpflanze wächst rund um das Mittelmeer. Aus den Blüten und Zweigen wird per Wasserdampfdestillation das ätherische Öl gewonnen.
Hauptwirkung: durchblutungsfördernd, anregend, haarwuchsfördernd, erfrischend.
Anwendung: Einreibung, Massage, Badezusatz, Öltücher, Wickel, Küchengewürz.

Sandelholz • Santalum album

Herkunft: Nur der ostindische Baum hat das für die Gesundheit so kostbare ätherische Öl. Es wird per Wasserdampfdestillation aus dem Holz gewonnen.
Hauptwirkung: hautdesinfizierend, entzündungshemmend, antidepressiv, erotisierend.
Anwendung: Badezusatz, Einreibung, Körperpflege, Massage.

Speiklavendel / Spiklavendel • Lavandula latifolia

Herkunft: Der Speiklavendel gehört zu den Lavendelgewächsen in Südfrankreich, Spanien und Italien. Aus seinen Blüten wird per Wasserdampfdestillation das ätherische Öl gewonnen.
Hauptwirkung: entkrampfend, entzündungshemmend, wärmend, schleim- und auswurffördernd.
Anwendung: Einreibung, Massage, Wickel, Badezusatz.

Teebaum / Tee Trea • Melaleuca alternifolia

Herkunft: Der Teebaum wächst in Australien und wird mittlerweile wegen der großen Nachfrage in Plantagen angebaut. Das ätherische Öl wird per Wasserdampfdestillation aus den Blättern gewonnen.
Hauptwirkung: desinfizierend, keimtötend, pilztötend, abwehrsteigernd.
Anwendung: Einreibung, Massage, Wickel, Öltücher, Badezusatz.

Thymian • Thymus vulgaris / zygis

Herkunft: Diese Gewürzpflanze wächst rund um das Mittelmeer und im nördlichen Afrika. Aus den Zweigen wird per Wasserdampfdestillation das ätherische Öl gewonnen.

Hauptwirkung: desinfizierend, entzündungshemmend, schweißtreibend, gegen Wundinfektion, wundheilend sowie schleim - und auswurffördernd.

Anwendung: Einreibung, Massage, Wickel, Öltücher, Badezusatz, Küchengewürz.

Kurzvorstellung der Heilkräuter

Arnikablüten • Arnica montana

Arnika gibt es nicht als ätherisches Öl, ist aber ein gutes Heilmittel bei Muskel- und Gelenkbeschwerden. Ich habe stets eine kleine Menge Ölauszug vorrätig und ergänze diesen, je nach Bedarf, mit ätherischen Ölen.

Kamillenblüten • Chamomilla

Kamille blau als ätherisches Öl ist sehr teuer und farbintensiv. Aus den Blüten läßt sich ein Ölauszug herstellen. Wenn man also stets einen kleinen Vorrat davon hat, kann man auf das teure ätherische Öl verzichten. Nur im Urlaub oder für den „Notfall" ist natürlich das ätherische Öl praktischer.

Ringelblume • Calendula officinalis

Ringelblumen sind entzündungehemmend und fördern die Regeneration von Narbengewebe, sind also bestens geeignet für die Narbennachbehandlung. Als ätherisches Öl gibt es Ringelblume selten.

Süßholzwurzel • Glycyrrhiza glabra

Ölauszüge aus dieser Wurzel sind durch ihre desinfizierende Wirkung ein wunderbares Mittel gegen Hautirritationen und vor allem in hartnäckigen Fällen einen Versuch wert.

Anwendungs- und Rezepthinweise

Dosierung

Wird nur eine kleine Menge Heilöl benötigt, alle Flaschen öffnen, mit einer Hand das Speiseöl in die andere Handinnenfläche gießen und die ätherischen Öle dazutropfen, mit einem Finger vermischen und anwenden. Danach alle Flaschen wieder verschließen.
Wird eine größere Menge ätherischer Öle benötigt, können diese auch mit einer kleinen Spritze (ohne Nadel) aus der Flasche „gesaugt" werden.

- ätherisches Öl: 45 Tropfen sind etwa 1 ml.
- Speiseöl: 1 Teelöffel sind etwa 2 ml

Heilkräuter lassen sich am besten auf einer Briefwaage auswiegen. Da die Menge aber nicht so genau stimmen muß, kann man sie auch mit einer Tasse abmessen. Wichtig ist nur, daß die Heilkräuter vollständig mit Speiseöl bedeckt werden.

- Arnikablüten: 1 Tasse sind etwa 16–19 g
- Kamillenblüten: 1 Tasse sind etwa 20–22 g
- Ringelblumen: 1 Tasse sind etwa 6–7 g
- Süßholzwurzel: 1 Tasse sind etwa 50–70 g

Anwendung für die Gesundheit

Babymassage

Babys in jedem Alter lieben es, von Kopf bis Fuß mit einem sanft duftenden Öl streichelnd massiert zu werden. Im Fachhandel gibt es eine große Auswahl Bücher zum Thema Babymassage. Aber auch ohne diese Anleitungen kann man Babys glücklich machen.

Badeöl
Speiseöl mit ätherischem Öl in einer Flasche oder einem verschließbaren Glas mischen und in die wassergefüllte Wanne gießen. Es ist besser, wenn das Badeöl einen Tag „reifen" kann. Die Wanne anschließend mit einem seifigen Reinigungsmittel säubern.

Einreibung
Unter sanfter oder kräftiger Massage wird das Öl in die Haut eingerieben.

Erkältungsöl
Bei leichter Erkältung Brust und Rücken mit vorher hergestelltem Öl einreiben. Bei stärkeren Erkältungen für einige Stunden einen Ölwickel im Brustbereich machen oder ein Ölbad nehmen und anschließend, noch feucht, mit einem Handtuch umwickelt ins Bett gehen.

Massage
Olivenöl oder Leinöl, vermischt mit durchblutungsfördernden ätherischen Ölen, sind eine Wohltat für schmerzende Muskeln oder Gelenke. Auch wenn man Massagetechniken nicht gelernt hat und Öle nur sanft oder mit etwas Druck einreibt, werden sie heilende und schmerzstillende Wirkung haben.

Narbenpflege
Sobald Narben verheilt sind und die Fäden gezogen wurden, sollte man mit der Narbenpflege beginnen. Dazu wird die Narbe möglichst mehrmals am Tag leicht massierend eingeölt. Zum einen wird die Narbe später weicher, und zum anderen lernt man sie leichter akzeptieren. Ich habe eine gut sichtbare Narbe sehr lange so behandelt und kann nur sagen: „Es hat sich gelohnt".

Ölauszug
Ein verschließbares Glas mit kochendem Wasser ausspülen, abtrocknen, getrocknete Pflanzenteile hineinlegen und mit Speiseöl auffüllen, den Deckel gut verschließen und an einen warmen (Raumtemperatur), dunklen Platz stellen.
Nach 2–4 Wochen das Öl durch ein Küchensieb filtern, den Ölrest mit einem Löffel sorgfältig auspressen und je nach Ölsorte kühl oder bei Raumtemperatur lagern. Die wirksamen Bestandteile der Heilkräuter werden schneller aus den Kräutern gelöst, wenn das Öl in der Nähe eines Heizkörpers steht. Das Öl darf dabei nicht wärmer als 40 °C werden.

Einmal täglich das Glas ein paarmal hin und her schwenken. Das Öl nimmt den Geruch der Heilkräuter an, Sie können also zwischendurch mit einem Teelöffel etwas entnehmen und ihre Nase entscheiden lassen, wie weit der Ölauszug ist.
Wird das Öl nach 2–4 Wochen noch nicht benötigt, einfach so stehen lassen oder im Kühlschrank lagern. Es kann, solange es noch nicht ranzig ist, nur besser werden. Die ätherischen Öle immer erst nach dem Filtern dazugeben.

Öltücher

Vor allem bei Gelenk- und Muskelbeschwerden ist diese Art der Anwendung sehr wirkungsvoll.
Papiertaschentücher in eine möglichst in der Größe passende Dose legen und mit dem Ölauszug übergießen. Dabei die Tücher so lange umschichten bis sie das Öl aufgesaugt haben.

- 100 ml Öl reichen für 10 Papiertaschentücher (oder Stofftaschentücher in ähnlicher Größe)

Die Dose mit einem Deckel gut verschließen, beschriften und nach Bedarf anwenden.
Dazu ein Öltuch auf die schmerzenden Stellen legen, mit einem kleinen Frotteetuch (Waschlappen oder Gästehandtuch) abdecken, mit einer Bandage fixieren und mindestens 2 Stunden, besser die ganze Nacht, dort belassen.
Sofort nach Gebrauch die Dose wieder verschließen, denn die ätherischen Öle verdunsten schnell.
Die Anwendung wiederholen, bis die Beschwerden abgeklungen sind. Sowohl das Frotteetuch als auch die Bandage können mehrfach, ohne Waschen, angewendet werden.

Achtung:
Mit Leinöl hergestellte Öltücher müssen – sofern sie in Dosen bevorratet werden – unbedingt gut verschlossen aufbewahrt werden, denn sie können sich selbst entzünden. Sofern kein Luftaustausch in der Dose stattfindet, kann natürlich nichts passieren.
Aber keine Angst, beim Ölwickel reicht die Ölmenge keineswegs zur Selbstentzündung aus.
Es ist dasselbe Phänomen wie bei großen Mengen Heuballen nach der Ernte. Ein einzelner entzündet sich nicht.

Ölwickel gegen starke Beschwerden

Unter die zu behandelnde Stelle eine Plastikfolie mit einem Handtuch darüber legen. Sie verhindern so Fettflecken auf der Unterlage. Das Handtuch läßt sich leicht waschen.

In einen Suppenteller (oder eine Schüssel) Öl gießen, die ätherischen Öle dazutropfen und verrühren. Mit einem Baumwolltuch (z. B. Geschirrtuch, Serviette) das Öl aufsaugen und auf den entsprechenden Körperbereich legen. Dabei sollte nicht zu sparsam mit dem Öl umgegangen werden.

Mit einem Frotteehandtuch und einer Bandage umwickeln, sofern es ein Wickel an Armen oder Beinen ist. Am Körper reicht das Auflegen eines Handtuchs und Fixieren mit einem engen Unterhemd oder T-Shirt. Alle Tücher sollten bei 95 °C waschbar sein, sie können allerdings vor dem Waschen mehrfach verwendet werden. Ist die Behandlung nach einigen Tagen beendet, die Tücher mit warmem Seifenwasser ausspülen und bei 95 °C in der Waschmaschine waschen.

Bevor Sie einen Ölwickel machen, sollten Sie es mit dem sparsameren Öltuch versuchen. In den allermeisten Fällen wird das ausreichen.

Ölziehkur

Zur inneren Reinigung und zur Festigung des Zahnfleischs wird in der indischen Medizin (Ayurveda) diese Kur über mehrere Wochen oder lebenslang durchgeführt. Dazu nimmt man morgens, bevor irgend etwas anderes in den Mund kommt, 1 Eßlöffel Sesam- oder Sonnenblumenöl in den Mund und „kaut" es für etwa 15 Minuten. Entwickelt sich nach einiger Zeit ein bitterer Geschmack, das Öl schon vorher ausspucken. Nach dem Ausspucken den Mund mit warmem Wasser ausspülen und anschließend wie gewohnt die Zähne putzen.

Anwendung in der Kosmetik

Babypflegetücher

Papiertaschentücher in eine passende Dose legen, mit Öl tränken, verschließen und nach Bedarf entnehmen. Besonders geeignet sind diese Tücher für die Reinigung beim Windelwechsel.

Badeöle

Einfach eine kleine Menge Speiseöl, gegebenenfalls vermischt mit ätherischen Ölen, in die vollgelaufene Wanne geben. Vorsicht, denn es besteht Rutschgefahr in der Wanne; kleine Kinder dürfen deshalb auf gar keinen

Fall unbeaufsichtigt baden. Die Wanne anschließend mit einem Seifenreiniger säubern.

Haarpackung

Das Öl nicht nur in den Haaren verteilen, sondern auch die Kopfhaut damit einreiben. Eine Plastikduschhaube überstülpen, ein wärmendes Handtuch oder besser eine Wollmütze darüber anziehen und möglichst über Nacht so belassen. Morgens die Haare wie gewohnt waschen.

Haarspitzenöl anwenden

Die Handinnenflächen und Fingerspitzen großzügig einölen und damit das Öl in den Haaren verteilen. Mit einer Naturbürste durchbürsten und sie anschließend in einer Seifenlauge reinigen. Entweder gleich die Haare waschen oder besser über Nacht einziehen lassen.

Hände reinigen

Stark verschmutzte Hände großzügig einölen und anschließend mit Seife waschen. Das geht natürlich mit jedem Öl.

Hände schützen

Gemüse, wie z. B. rote Bete, färbt Hände nachhaltig rot. Vorher mit Öl eingerieben passiert das nicht. Das geht natürlich mit jedem Öl.

Nagelpflege

Etwas Öl in die linke Hand gießen und die Nagelseite der rechten Hand „eintauchen" und massieren. Anschließend die Nägel der linken Hand behandeln und den Ölrest auf den Händen und Unterarmen verteilen.

Wimperntusche-Entfernung

Wasserfeste Wimperntusche läßt sich am besten mit Öl entfernen. Dafür kann man teure Mittel kaufen oder einfach das preiswerteste Speiseöl verwenden.
Etwas Öl auf einen Wattebausch geben und wie gewohnt die Wimperntusche abreiben.

Rezepte für die Küche

Die meisten Öle sind hitzeempfindlich. Qualmt Öl beim Erhitzen, hat es Gifte entwickelt. Das Öl abkühlen und weggießen.

Welches Öl wofür geeignet ist, habe ich schon in der Einführung erwähnt und fasse hier noch einmal kurz zusammen.

- Erdnußöl hat einen neutralen Geschmack und ist zum Braten und Fritieren geeignet.
- Rapsöl schmeckt leicht nussig und ist zum Braten, für Salate und Rohkost geeignet.
- Olivenöl schmeckt aromatisch und ist zum Braten, für Salate und Rohkost geeignet.
- Es gibt ein spezielles erhitzbares Sonnenblumenöl zum Braten und Fritieren. Es wird aus einer besonderen Züchtung gewonnen und ist entsprechend gekennzeichnet.
- Alle anderen Öle, geeignet für Salate und Rohkost, wähle ich nach Angebot, Lust und Laune aus. Es sei denn, ich möchte im Gesundheits- oder Kosmetikbereich etwas Bestimmtes erreichen.

Dekorative Gewürzöle

- Getrocknete Gewürzzweige in eine dekorative Flasche stecken und mit Speiseöl auffüllen. Nach ein paar Wochen ist das Öl verwendbar.
- Speiseöle lassen sich mit ätherischen Ölen aromatisieren (z. B. Thymian, Rosmarin). Dafür nur wenige Tropfen direkt in die Ölflasche träufeln. Das Gewürzöl läßt sich sofort verwenden.
- Gewürzzweige und ätherische Öle in eine Flasche füllen. Die Kräuter sind zunächst nur Dekoration, denn sie benötigen einige Wochen um ihr Aroma abzugeben.
- Trockenkräuter und Peperoni kombiniert sieht sehr dekorativ aus.
- Frische Knoblauchzehen in ein Glas stecken, mit Speiseöl aufgießen und bei 70–80 °C etwa 15 Minuten einkochen. Würde man Knoblauch einfach so in Öl einlegen, würden sich Pilze entwickeln, diese gären schließlich, die Flasche würde sich öffnen, und das Öl wäre ungenießbar. Das passiert auch schon mit einer einzelnen Knoblauchzehe.

  Eine weitere, für das Speiseöl sehr schonende Methode ist das Erhitzen ohne Deckel in der Mikrowelle. Das Öl bleibt dabei kalt, nur der Knoblauch wird heiß, so daß die Pilze absterben.

Gewürzpaste für Braten

Aus gleichen Teilen Kräutern und Speiseöl eine Paste herstellen und einige Stunden ziehen lassen. Das Bratgut damit vor und während des Backvorgangs mehrfach bestreichen.

Nußöl
Nußöle sehen dekorativer aus, wenn man ein paar geschälte Nüsse in die Flasche füllt.

Pesto
Eine Delikatesse der italienischen Küche. 1 Teil Kräuter (ursprünglich Basilikum, mit einem Mörser zerdrückt) und 1 Teil Speiseöl werden zusammen angerichtet und mit Pinienkernen, Parmesan und Salz angereichert. Pesto schmeckt zu Nudeln, Kartoffeln, Brot, Gemüse, Fleisch, kurz gesagt zu beinahe allem. Es läßt sich ein paar Wochen im Kühlschrank lagern und ist außerdem ein schönes Geschenk.
Die Paste muß, zur Haltbarkeit, ständig mit Öl bedeckt sein.

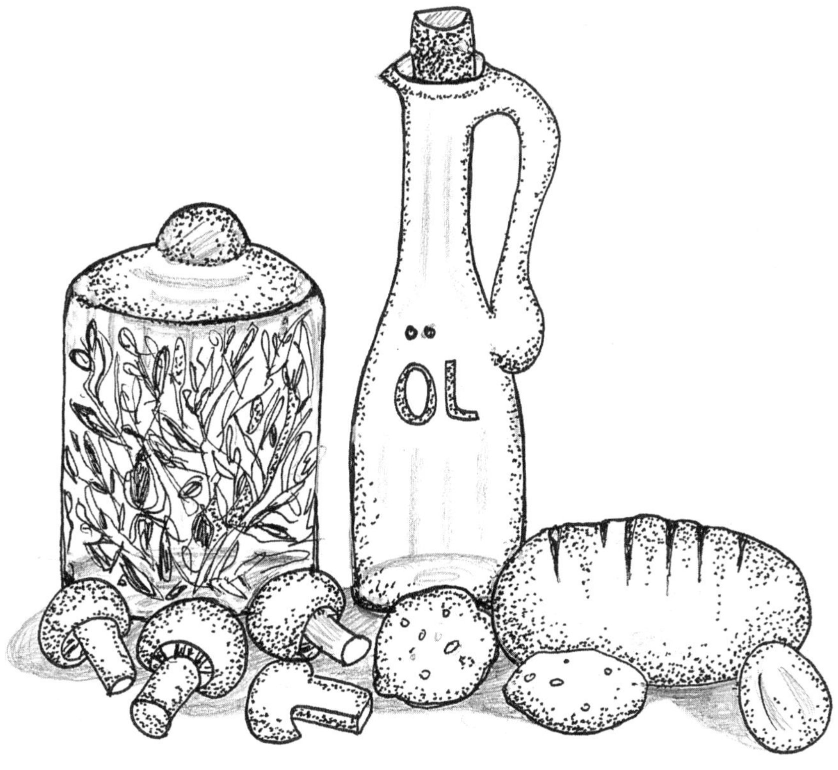

Speiseöle mit Anwendungen und Rezepten

Zur Gesundheit und Kosmetik:
In den nachfolgenden Rezepten und Anwendungen habe ich nicht noch einmal wiederholt, wie man zum Beispiel ein Öltuch oder einen Ölauszug herstellt oder diese anwendet.
Klemmen Sie sich einfach bei den entsprechenden vorangegangenen Seiten eine bunte Büroklammer oben an. So finden Sie die gewünschte Seite schnell wieder, und die „Lesezeichen" fallen nicht dauernd aus dem Buch.

Zu den Küchenrezepten:
Die Rezepte sind für 2–3 Personen gerechnet. Sie selbst kennen Ihre Mengen und können sicher die für Sie richtige Menge von meinen Rezepten ableiten. Die Mengenangaben müssen ohnehin nicht genau angepaßt werden. Wenn ich koche, messe ich auch nicht 50 ml Bratöl ab, sondern schätze die Menge. Die Werte habe ich angegeben, damit Sie einen Anhaltspunkt haben.

Die Indikationsliste finden Sie ab Seite 108.

Distelöl (Carthamus tinctorius)

Pflanze und Gewinnung

Das Öl wird aus den Samen der Saflorpflanze (auch Färberdistel genannt) gewonnen. Diese 60–120 cm hohe Pflanze wächst vor allem in Kalifornien und Australien; weitere Anbaugebiete sind Ägypten und Asien. Vor etwa 200 Jahren wurde sie in Deutschland zur Gewinnung von Far-

ben angebaut, daher der frühere Name Färberdistel. Die meisten Hersteller nennen ihr Öl Distel- oder Safloröl.
Das Distelöl hat cholesterinsenkende Wirkung, denn der Anteil mehrfach ungesättigter Fettsäuren liegt bei etwa 78 %. Damit gehört es zu den gesündesten Salatölen. Es ist zudem relativ geschmacksneutral und preiswerter als andere, beinahe gleichwertige Öle.
Es ist nicht hitzebeständig, darf deshalb nicht zum Braten verwendet werden. Dagegen ist es besonders geeignet für Gemüsegerichte, sofern das Öl erst kurz vor dem Servieren eingerührt wird.

Besonderheit

Der relativ günstige Preis macht es zu einem guten, universell anwendbarem Speiseöl, und es ist deshalb auch für Badeöl geeignet.

Hauptwirkung

Durch den hohe Anteil mehrfach ungesättigter Fettsäuren beugt es Arteriosklerose vor, indem es cholesterinsenkend wirkt.

Gesundheit

Kopfschmerzen jeder Art

1 Teil Distelöl
1 Teil Pfefferminze

Stirn und Schläfen leicht massieren, Augen schließen und entspannen. Der kühlende Effekt lindert die Schmerzen.

Depression und schlechte Laune

30 ml Distelöl
15 Tropfen Grapefruit
5 Tropfen Sandelholz
10 Tropfen Bay

Aus dieser Mischung ein Badeöl herstellen, in die gefüllte Wanne gießen und ein Bad nehmen.

Morgenmuffeligkeit, Müdigkeit und Erschöpfung

30 ml Distelöl
20–30 Tropfen Rosmarin
10 Tropfen Grapefruit

Aus dieser Mischung ein Badeöl herstellen, in die gefüllte Wanne gießen und ein Bad nehmen.

Bluthochdruck und Entspannung

50 ml Distelöl
20 Lavendel

Aus dieser Mischung ein Badeöl herstellen, in die gefüllte Wanne gießen und ein Bad nehmen.

Einschlafstörungen

30 ml Distelöl
20–30 Tropfen Lavendel
5 Tropfen Sandelholz

Aus dieser Mischung ein Badeöl herstellen, in die gefüllte Wanne gießen und ein Bad nehmen.
oder

1 TL Distelöl
3–4 Tropfen Lavendel

Die Mischung auf Brust und Hals verreiben.

Frieren

30 ml Distelöl
15 Tropfen Bay
10 Tropfen Rosmarin

Aus dieser Mischung ein Badeöl herstellen, in die gefüllte Wanne gießen und ein Bad nehmen.

Fieber

3 TL Distelöl
10 Tropfen Pfefferminze

Die Unterschenkel damit einreiben und nach Bedarf zusätzlich Wadenwickel mit kaltem Wasser machen.

Arteriosklerose
Salate, Rohkostgerichte und gekochtes Gemüse mit Distelöl anrichten.

Kosmetik

Make-up-Entfernung
Das Gesicht mit Distelöl einölen und das Make-up anschließend mit einem weichen Tuch oder Watte abreiben.

Wimperntusche-Entfernung
Wasserfeste Wimperntusche läßt sich nur mit öligen Mitteln entfernen. Dafür das Distelöl auf einen Wattepad tropfen und die geschlossenen Augen abreiben.

Küche

Gurkensalat
1 Salatgurke
4 EL Distelöl
2 EL Apfelessig
1 EL Dillspitzen
Kräutersalz nach Geschmack

Öl und Essig in ein Glas mit Deckel füllen, cremig schütteln und mit Dill und Kräutersalz abschmecken.
Die Salatgurke entweder gründlich reinigen oder schälen, in dünne Scheiben schneiden und mit der Salatsoße anrichten. Die Dillspitzen machen die Gurken leichter verdaulich.

Rohkostsalat
1 großer Lollo- oder Kopfsalat
1 kleiner Kohlrabi
2 Karotten
1 Paprika, rot oder grün
1 weiche Avocado
3 EL Distelöl
3 EL Balsamessig
1 Bechertasse Milch oder Sojatrunk
¼ TL Kräutersalz
2–3 Bund frische Gartenkräuter nach Belieben

Die Avocado mit einem Löffel aus der Schale holen, mit einer Gabel zerdrücken und mit Essig, Öl und Milch oder Sojatrunk anrühren. Mit Kräutersalz und reichlich Gartenkräutern abschmecken.
Kohlrabi, Karotten und Paprika kleinschneiden, unterrühren und einziehen lassen. Den Blattsalat erst kurz vor dem Servieren unterheben.
Dieser Salat ist vor allem in der Sommerhitze beliebt.

Gemüsegerichte

Gemüse nach Belieben
Distelöl
Salz oder Kräutersalz
Gewürze nach Geschmack

Das Gemüse möglichst schonend im Gemüsedünster (Haushaltswarengeschäfte, KulturGut Alte Schmiede) garen. Das Gemüse darf nicht im Wasser liegen. So bleiben die Vitamine besser erhalten.
Kurz vor dem Servieren das Distelöl darübergießen und mit Salz und Gewürzen abschmecken

Geschenke

Gewürzöl

1 leere, dekorative Flasche mit möglichst großer Öffnung, 0,5 l
0,5 l Distelöl
3 Lorbeerblätter, leicht biegsame
2 Peperoni
1–2 Zweige Thymian oder Rosmarin
einige geschälte Mandeln

In die leere Flasche Lorbeerblätter, Peperoni und Mandeln füllen, die Zweige vorsichtig dazustecken und mit Öl auffüllen. Auf den Flaschenboden ein Etikett mit dem Haltbarkeitsdatum (steht auf der Originalflasche) kleben.
Dazu eine ebenso präparierte, gute Essigsorte schenken.

Badeöle

Morgenbad	*Abendbad*
100 ml Distelöl	100 ml Distelöl
50 Tropfen Rosmarin	50 Tropfen Lavendel

Beide Öle in je einer entsprechenden Flasche mischen und mit schönen Etiketten versehen. Ich würde, um Verwechslungen zu vermeiden, die Etiketten sichtbar anbringen. Hat die beschenkte Person einen hohen Blutdruck, bitte die Rosmarinmenge entsprechend reduzieren. Die Badeölmenge reicht für 3–4 Anwendungen.

Erdnußöl (Arachis hypogaea)

Pflanze und Gewinnung

Die Erdnüsse, aus denen das Speiseöl gewonnen wird, wachsen in Indien, China, Südeuropa, Nord- und Südamerika sowie West- und Mittelafrika an den Wurzeln von Büschen. Nach dem Verwelken der Blüten bleiben Samen übrig. Diese senken sich, am Busch verbleibend, in die Erde. Dort reifen dann die Erdnüsse heran.
Durch Rösten wird der aromatisch-kräftige Geschmack erreicht. Öl aus ungerösteten Erdnüssen ist natürlich gesünder.

Besonderheiten
Durch den hohen Anteil einfach ungesättigter Fettsäuren ist das Öl bis 230 °C erhitzbar, also zum Braten und Fritieren geeignet. Der Geschmack ist neutral, so daß es auch für Pfannkuchen verwendet werden kann.
Es zieht bei der Anwendung auf der Haut nur sehr langsam ein, wie man es sich bei einer länger andauernden Massage wünscht.

Hauptwirkung

Erdnußöl ist besonders reizarm.

Gesundheit

Entspannungsmassage bei Streß

Teelöffelweise Erdnußöl
je Löffel 1–2 Tropfen Lavendel
1 Tropfen Sandelholz

Das Öl individuell nach Geruch mischen und eine Teil- oder Ganzkörpermassage durchführen.

Orangenhaut

1 TL Erdnußöl
2 Tropfen Grapefruit

Die betroffenen Hautareale mit dieser Ölmischung massieren.

Blasenentzündung

1 TL Erdnußöl
3 Tropfen Sandelholz

Den Unterleib massieren und viel trinken (siehe auch Kürbiskernöl). Sind die Beschwerden nach 2 Tagen noch nicht abgeklungen, oder ist es eine schwere Entzündung, muß ärztliche Hilfe in Anspruch genommen werden.

Verdauungsschwäche, Verstopfung

2 TL Erdnußöl, pur oder mit
2 Tropfen Pfefferminze
2 Tropfen Rosmarin

Den gesamten Bauchbereich im Uhrzeigersinn massieren. Die Einhaltung der Richtung ist sehr wichtig, denn sonst wird die Verstopfung verstärkt. Das Erdnußöl erleichtert die Massage, die ätherischen Öle regen die Durchblutung an. Die Massagezeit von 10–20 Minuten richtet sich nach der Intensität der Beschwerden.

Arteriosklerose

Erdnußöl zum Braten und Fritieren verwenden.

Kosmetik

Wetterschutz

Erdnußöl pur auf die Gesichtshaut aufgetragen schützt diese bei kaltem Wetter.

Kühlende Massage nach dem Sonnenbad

1–2 EL Erdnußöl
5–10 Tropfen Pfefferminze

Küche

Ingwerkarotten

etwa 50 ml Erdnußöl
etwa 500 g Karotten
5–10 Ingwerscheiben
Salz nach Geschmack

Die Karotten in beliebig große Stücke schneiden, von einem Ingwerstück Scheiben abschneiden und gemeinsam im Erdnußöl bei aufgelegtem Dekkel garen. Dabei das Gargut häufig wenden.
Vor dem Servieren mit Salz abschmecken und die zuvor gezählten Ingwerscheiben entfernen. Hat man sie nicht gezählt, landen sie sicher auf dem Teller eines Gastes. Zu erkennen ist dies dann an seinem leicht verzogenem Gesicht, denn Ingwer, pur gegessen, schmeckt intensiv und scharf. Der Ingwer kann auch – statt in Scheiben geschnitten – gerieben werden. Dafür reicht ein Stück, maximal halb so groß wie ein Daumen. Der Ingwer verbleibt dann im Gericht.

Kräuterpastinaken

etwa 50 ml Erdnußöl
etwa 500 g Pastinaken
1 Handvoll frischer Bärlauch
1 Bund frische Petersilie
Kräutersalz

Die Pastinaken in Stücke schneiden, in Erdnußöl dünsten und kurz vor dem Servieren mit den frischen, geschnittenen Kräutern anrichten. Mit Kräutersalz abschmecken und zu Pellkartoffeln servieren.

Pfannkuchen, Reibekuchen

Beide lassen sich sehr gut mit dem geschmacksneutralen Erdnußöl zubereiten.

Fleisch

Für jede Art von kurzgebratenem Fleisch kann man Erdnußöl verwenden. Natürlich gilt dies auch für Fisch und Spiegeleier.

Braten im Wok

Erdnußöl (Woköl)
Gemüse oder Fleischstücke
Gewürze und Salz nach Belieben

Das Öl im Wok erhitzen und das Gargut dazugeben. Häufig wenden und zwischendurch einen Deckel auflegen. Mit Gewürzen und Salz abschmekken, in eine Schüssel füllen oder den Wok auf den Tisch stellen.

Geschenke

Hochzeitsgeschenk

Wok, gußeisern
Pfannenheber, gebogen aus Holz
Rezeptbuch dazu
Erdnußöl

Woks und dazugehörige Pfannenheber gibt es im Asienhandel oder in Haushaltswarengeschäften. In diesem praktischen „Universaltopf" läßt sich außer Kaffeewasser (was ein bißchen umständlich wäre) alles kochen und braten.

Partnermassageöl

1 leere Flasche, 100 ml
etwa 90 ml Erdnußöl
10 Tropfen Lavendel
20 Tropfen Sandelholz
(Gutschein für Massage)

Zunächst das ätherische Öl in die Flasche tropfen, mit dem Erdnußöl aufgießen und, je nachdem, wie geruchsintensiv das Öl sein soll, die ätherischen Öle verdoppeln.

Auf ein Kärtchen einen lustigen Namen schreiben und mit einer roten Schleife an die Flasche hängen.

Hanföl (Cannabis sativa)

Pflanze und Gewinnung

Seit kurzem ist der Hanfanbau in Deutschland wieder erlaubt. Um Mißverständnisse vorzubeugen: Selbst wenn man einen ganzen Büschel dieser für die Ölgewinnung angebauten THC-(Tetrahydrocannabinol-)armen Pflanze essen würde, bekäme man keinen Rausch. Aber nicht nur Speiseöl, auch Stoffe und Papierprodukte werden aus dieser Pflanze hergestellt. Als gemahlener Samen schmeckt es gut in Brot oder Aufstrichen.
Die einjährige Pflanze wächst zunächst langsam und wird während der letzten Monate zwischen 2 und 4 m hoch. Aus den reifen Samen wird ab Ende August das Öl gepreßt. Das Speiseöl schmeckt nussig-intensiv und riecht heuartig. Es sollte nicht erhitzt werden.

Besonderheiten
Alle Pflanzenteile finden Verwendung, es bleiben keine Abfälle übrig.

Hauptwirkung

Durch den relativ hohen Gehalt dreifach ungesättigter Fettsäuren ist es besonders für die Problemhaut geeignet. Gegessen gehört es mit zu den gesündesten Ölen überhaupt, vor allem, weil es zur Senkung des Cholesterinspiegels beiträgt.

Gesundheit

Insektenstiche, Warzen, Hühneraugen, Afterjucken, Fußpilz
1–2 ml Hanföl (½ – 1 TL)
1 ml Teebaum (90 Tropfen)

Mit einer Spritze beide Teile aufziehen und in eine 5- oder 10-ml-Flasche füllen, diese beschriften und bei Bedarf tropfenweise anwenden.

Schweißfüße

1 TL Hanföl (je nach Fußgröße mehr)
2 Tropfen Rosmarin
2 Tropfen Teebaum

Die Füße mit dieser Mischung abends einzureiben, ist immer einen Versuch wert. Hilft dies nicht, aus Salbeikräutern einen Ölauszug herstellen und ebenfalls versuchen.

Kalte Füße

1 TL Hanföl
4 Tropfen Rosmarin
2 Tropfen Bay

Die Füße mit dieser Mischung einmassieren und warme Socken anziehen.

Trockene Altershaut

200 ml Hanföl
5 g Ringelblume

Einen Ölauszug herstellen und zur täglichen Pflege oder als Badeöl anwenden.

Allergische Hautreaktion, Neurodermitis, Milchschorf

500 ml Hanföl
30 g Süßholz
25 g Kamillenblüten

Geheilt werden kann auch mit dieser Ölmischung nicht. Aber es ist einen Versuch wert, damit zumindest Erleichterung zu verschaffen.
Den Ölauszug wie oben angegeben herstellen und die betroffenen Hautareale je nach Bedarf mehrmals täglich einreiben.
Diese Mischung kann, wie alle nachfolgenden auch, als Badezusatz verwendet werden.

500 ml Hanföl
30 g Ringelblume
20 g Kamille

Einen Ölauszug herstellen und die betroffenen Stellen wie oben beschrieben behandeln.

1 EL Hanföl
1 Tropfen Kamille
5 Tropfen Sandelholz

Die betroffenen Stellen mehrmals täglich damit einölen.

Narbenpflege

200 ml Hanföl
5 g Ringelblume

Zur Narbenpflege sollte der Ölauszug angesetzt werden, sobald die Narbe entstanden ist. Nach 10–14 Tagen das Öl durchsieben und mit der Narbenmassage beginnen.

Leichte Verbrennungen und Verbrühungen

1 TL Hanföl
10–20 Tropfen Lavendel

Das leicht verbrühte Hautareal vorsichtig damit einölen. Lavendel sollte man stets griffbereit in Herdnähe bereithalten. Es lindert den Schmerz und unterstützt die Heilung.

Arteriosklerose

Salate, Rohkostgerichte und gekochtes Gemüse mit reichlich Hanföl anrichten.

Kosmetik

Fingernagelpflege

Egal, ob die Nagelhaut rissig ist oder die Nägel brüchig sind, regelmäßig angewendet, schützt und pflegt Hanföl.

Trockene, aufgesprungene Lippen

Der Geschmack ist schnell verschwunden. Auch wer diesen nicht unbedingt mag, sollte Hanföl versuchen, der Erfolg ist es wert.

Trockene Haut, insbesondere Wangen und Hände

Nach Bedarf Hanföl pur auftragen. Der Fettglanz ist schnell verschwunden, denn das Öl zieht nach 1–2 Minuten ein.

Hautpflege

Hanföl, pur

Es gibt kein Speiseöl, welches so schnell in die Haut einzieht.

After shave und Intimrasur

Das Hanföl auf die rasierten Stellen auftragen.

Haarschäden und Spliß durch Dauerwelle oder Sonnenbestrahlung

Die Haare häufig mit Hanföl einölen, waschen oder besser eine Haarpackung machen.

Küche

Pellkartoffeln und Kartoffelbrei

Hanföl schmeckt sowohl zu Pellkartoffeln als auch zu Kartoffelbrei köstlich. Ich stelle allerdings verschiedene Speiseöle auf den Tisch und lasse die Gäste selbst entscheiden.
Sofern Sie gute Kartoffeln und Kräutersalz serviert haben, wird es ein delikates Mahl.

Müsli

Eine kleine Menge Hanföl verfeinert jedes Müsli.

Gartenkräutersalat

1 Kopfsalat
3–4 EL Hanföl
2 EL guter Essig
1 Prise Salz
reichlich Gartenkräuter

Öl und Essig verrühren, salzen und über den geschnittenen Salat gießen. Die vorher gehackten Gartenkräuterdarüber streuen und alles vorsichtig verrühren.
Schmeckt vor allem im Sommer als Vorspeise.

Geschenke

Hanföl hat einen so eigenen nussigen Geschmack, daß es, versehen mit ein paar Rezepten, pur verschenkt werden kann. Zu diesem Zweck bietet die Ölmühle Solling (Adresse im Anhang) Hanföl in dekorativen Flaschen an.

Hanfpaket

Hanföl (in dekorativer Flasche)
Hanfaufstrich (z. B. „High", Fa. Viana, Naturkosthandel)
Hanfkörner (Naturkosthandel)

Alles zusammen in schönem Korb wird bestimmt gut ankommen, löst es doch bei vielen Menschen noch Erstaunen aus. In einem „Hanfladen" bekommen Sie sicher noch eine Kleinigkeit zur Ergänzung Ihres Hanfpakets.

Hautöl

1 kleine leere Flasche oder Pumpflasche
Hanföl
Lavendel
Grapefruit

Die Menge richtet sich nach der Größe der Pumpflasche die Sie haben. Lassen Sie Ihre Nase entscheiden, wieviel ätherisches Öl dazu kommt. Lavendel pflegt die Haut, Grapefruit erfrischt und macht gute Laune. Das Etikett ablösen und durch ein eigenes ersetzten. Denken Sie sich einen schönen, zu der beschenkten Person passenden Namen aus.

Haselnußöl (Carylus avellana / colurna)

Pflanze und Gewinnung

Haselnüsse wachsen in unseren Breitengraden an buschigen Sträuchern beziehungsweise auf kleinen Bäumen. Aus dem Holz werden unter anderem Wünschelruten hergestellt. Eichhörnchen lieben die Nüsse genau wie wir und vergraben sich gerne einen Wintervorrat.

Das Öl ist reich an einfach ungesättigten Fettsäuren und darf deshalb erhitzt werden. Da es aber ein recht teures Öl ist, wird es sparsam verwendet. Es schmeckt lecker nussig.
Das schmackhaftere, aus gerösteten Haselnüssen gewonnene Öl ist für die Kosmetik nicht geeignet.

Besonderheiten

Wegen des mild süßen Geruchs (des Öls aus ungerösteten Haselnüssen) wird es gerne für Nasentropfen und zur Gesichtspflege verwendet.

Hauptwirkung

Wetterschutz und Nasenöle

Gesundheit

Trockene Nasenschleimhaut

Etwa ½ TL Haselnußöl

Das Öl in die linke Hand gießen, den rechten kleinen Finger damit befeuchten und das Öl in beiden Nasenlöchern verteilen.

Schnupfen Kinder

10 ml Haselnußöl
1 Tropfen Teebaum
1 Tropfen Speiklavendel
1 Tropfen Pfefferminze

Schnupfen Erwachsene

10 ml Haselnußöl
2 Tropfen Teebaum
2 Tropfen Speiklavendel
1 Tropfen Pfefferminze

Nasennebenhöhlenentzündung Kinder

10 ml Haselnußöl
2 Tropfen Teebaum
2 Tropfen Speiklavendel
1 Tropfen Pfefferminze

Nasennebenhöhlenentzündung Erwachsene

10 ml Haselnußöl
3 Tropfen Teebaum
3 Tropfen Speiklavendel
1 Tropfen Pfefferminze
1 Tropfen Thymian

Die Nasentropfen in eine kleine Flasche mit Pipette füllen und 2- bis 3mal täglich je nach Bedarf ein paar Tropfen in die Nase geben. Am Ende der Erkrankung die Flasche leeren und sorgfältig reinigen.
Sofern keine Flasche mit Pipette vorhanden ist, einen Finger mit dem Öl benetzen und das Öl in den Nasenlöchern verteilen.

Kopfschmerzen und Migräne

2 ml Haselnußöl (1 TL)
1 ml Pfefferminze (90 Tropfen)

Beide Öle in einer kleinen Flasche mischen und bei Bedarf tropfenweise anwenden.
Mit etwas Öl Stirn, Schläfen, evtl. Wangen und Nacken leicht massieren. Oberhalb der Augenlider vorsichtig massieren, denn in die Augen darf kein Öl gelangen. Die Massage sollte ein paar Minuten bei ruhiger Atmosphäre durchgeführt werden.
Anschließend liegen bleiben und versuchen, den ganzen Körper zu entspannen.
Unterwegs das Öl nur auf Stirn, Schläfen und Nacken verreiben. Die kleine Flasche läßt sich gut in der Handtasche verstauen und ist so jederzeit griffbereit. Gerade bei Spannungskopfschmerzen, gleich zu Beginn aufgetragen, kann es Schlimmeres verhindern.
Bei langen Konferenzen in schlechter Luft kann es den anschließenden „Brummschädel" verhindern, wenn man die Pausen für eine kleine „Behandlung" nutzt.

Kosmetik

Wetterschutz

Wie jedes andere Speiseöl kann Haselnußöl gut bei trockener Gesichtshaut angewendet werden. Da es aber nur langsam einzieht, bleibt eine vor schlechtem Wetter schützende Fettschicht auf der Haut.

Küche

Gemüsegerichte

Jedes gekochte Gemüse, kann vor dem Servieren mit Haselnußöl angereichert werden.

Haselnußsalat

150–200 g Feldsalat oder Postelein (Winterportulak)
½ Tasse Haselnüsse
3 EL Haselnußöl
1–2 EL guter Essig
1 Prise Salz
1 TL Honig
1 Bechertasse Milch oder Sojatrunk

Die Haselnüsse ohne Fett in einer Pfanne leicht rösten. Aus Essig, Öl und Milch oder Sojatrunk eine cremige Soße rühren. Mit Salz und Honig abschmecken, über den sorgfältig geputzten Salat gießen und verrühren. Die Haselnüsse darüber verstreuen und bald verzehren.

Avocadocreme

1 weiche Avocado
1 Bund Schnittlauch
1 Bund Petersilie
1 EL Zitrone
2–3 EL Haselnußöl
(¼ – ½ Tasse Milch, Sahne oder Sojatrunk)
Kräutersalz

Die Avocado auslöffeln, mit einer Gabel zerdrücken, Öl und Zitrone einrühren und die zuvor feingeschnittenen Kräuter unterrühren. Die Milch nur dazugeben, wenn eine flüssigere Konsistenz gewünscht wird. Mit Kräutersalz abschmecken und auf Brot unter Tomaten oder pur genießen.
Knoblauch, Ei und Quark untergerührt macht dieses Rezept zu einer echten Delikatesse.

Bärlauchavocado

1 weiche Avocado
4 EL Haselnußöl
1 Tasse frischer, geschnittener Bärlauch
Salz nach Geschmack

Die Avocado auslöffeln, mit einer Gabel zerdrücken, mit Haselnußöl und Bärlauch verrühren und mit Salz abschmecken.
Schmeckt gut auf Brot oder zu Pellkartoffeln.

Bärlauchpesto

50 g Bärlauch
50 ml Haselnußöl
Salz

Frischen Bärlauch kleinschneiden, in ein Glas füllen und mit Haselnußöl vollständig abdecken. Das Pesto mit Salz abschmecken. Im Kühlschrank aufgehoben hält es sich einige Wochen.

Plätzchen und Kekse

Statt Butter oder Margarine dieselbe Menge Haselnußöl verwenden.

Geschenke

Haselnußöl in einer dekorativen Flasche ist ein immer gerne gesehenes Geschenk (Ölmühle Solling).

Erkältungsheilöle

Nasentropfen kann jeder, vor allem im Herbst und Winter, gebrauchen. Ein Erkältungsmassageöl und eine Flasche Nasentropfen wird von kinderreichen Familien immer gerne genommen.

Kopfschmerzöl

Personen, die häufig unter Kopfschmerzen leiden, freuen sich sicher über eine kleine Flasche dieser Ölmischung (Rezept: siehe oben). Schreiben Sie „Kopfschmerzöl" auf das Etikett, und hängen Sie zusätzlich ein Kärtchen mit einer Gebrauchsanweisung an den Flaschenhals. Heben Sie für solche Geschenke einfach leere Flaschen des ätherischen Öls Pfefferminze auf.

Kürbiskernöl (Cucurbita pepo)

Pflanze und Gewinnung

Ursprünglich kommen Kürbisse aus Mittelamerika. Inzwischen wird die einjährige, niederliegende Pflanze weltweit angebaut. Zur Gewinnung von Kürbiskernöl für den mitteleuropäischen Markt wird sie in Ungarn und Österreich, vor allem in der Steiermark, angebaut. Die Ölgewinnung ist sehr aufwendig, denn die schalenlosen Kerne werden per Handarbeit aus den Ölkürbissen gewonnen, geröstet und gepreßt. Für 1 Liter Öl sind etwa 3 kg Kerne nötig.
Der Ölkürbis ist eine besondere, schalenlose Züchtung, dessen Kerne, ungeröstet, zu therapeutischen Zwecken verwendet werden.
Durch das Rösten hat das Öl eine grünbraune Farbe.

Besonderheiten

Der nussige, durch das Rösten entstandene Geschmack ist ausgesprochen delikat.

Hauptwirkung

1985 ergab eine klinische Studie unter Leitung von Heinz Schilcher, daß die Inhaltsstoffe der Kürbiskerne heilende Wirkung bei Prostata- und die Blasenerkrankungen haben. Dabei wurde festgestellt, daß sich Krebsgeschwüre bis zum Stadium 2 unter täglicher Gabe von 10 g Kürbiskernen zurückbildeten und die dadurch entstandenen Blasenentleerungsprobleme nachließen.
Die Samen sind so köstlich, daß es keine Schwierigkeiten bereiten dürfte, diese täglich zu verzehren.
Unterstützen können Sie diese Therapie mit Kürbiskernöl, allerdings nicht mit dem aus gerösteten Kernen hergestellten Speiseöl, denn bei dem Röstvorgang gehen viele Inhaltsstoffe verloren. (Auf Nachfrage gibt es Öl aus ungerösteten Kernen in der Ölmühle Solling.)
Das enthaltene Selen trägt, bei innerer Anwendung, zusätzlich zur Entgiftung bei.
Selbstverständlich dürfen auch Gesunde dieses kostbare Öl genießen.

Gesundheit

Blasenentzündung und Prostataleiden und dadurch bedingte Blasenentleerungsstörungen

Kürbiskernöl
Kürbiskerne

Salate und Rohkostgerichte mit diesem Öl anrichten. Die Kerne darüberstreuen und gut zerkauen.

Allgemeine Entgiftung

Kürbiskernöl

Das Öl allein reicht zur Entgiftung nicht aus, unterstützt sie aber auf angenehme Weise.

Arteriosklerose

Rohkostgerichte und Salate mit Kürbiskernöl anrichten.

Kosmetik

Auf Grund der intensiven grünbraunen Farbe, würde ich es nicht für kosmetische Zwecke verwenden.

Küche

Pellkartoffeln

Der feine nussige Geschmack macht Pellkartoffeln mit Kräutersalz und Kürbiskernöl zu einer Delikatesse. Mit Kräuterquark oder Avocadocreme wird daraus ein leckeres Sommeressen.

Spargel mal anders

Spargel
Salz
Kürbiskernöl

Warum nicht einmal Spargel statt mit geschmolzener Butter mit Kürbiskernöl und Salz genießen. Gesünder ist es allemal! Dazu den gesalzenen Spargel auf dem Teller mit dem Öl übergießen.

Pastinaken- und Möhrentopf

etwa 250 g Karotten
etwa 250 g Pastinaken (Naturkosthandel)
Kräutersalz nach Geschmack
Kürbiskernöl nach Geschmack

Zunächst die Karotten in den Gemüsedünster legen. Während sie garen, die Pastinaken schälen, in Stücke schneiden und dazulegen. Die Verzögerung sollte sein, da die Pastinaken schneller gar sind.
Vor dem Servieren mit Salz abschmecken und das Kürbiskernöl unterrühren.

Nußsalat

100 g Feldsalat, Postelein oder ein Lollo
4 EL Kürbiskernöl
2 EL Balsamessig bester Qualität
2 EL Kürbiskerne
1 Prise Salz
(¼ TL Honig nach Geschmack)

Aus Essig und Öl mit einem Schneebesen eine cremige Soße herstellen, mit Salz abschmecken und unter den Salat ziehen. Kürbiskerne darüberstreuen und an einem „Festtag" schlemmen. Wer es gerne süß mag, sollte es mit etwas Honig abschmecken.

Kartoffelbrei

Den Kartoffelbrei ohne Fett zubereiten und vor dem Servieren mit Kürbiskernöl übergießen.

Süßspeisen

Jedes Müsli, jeder Hafer- oder sonstiger Brei kann mit Kürbiskernöl zu einer echten Delikatesse werden. Dazu wird das Öl einfach nur darübergegossen.

Kräuterpesto

150 g frische Gartenkräuter
150 g Kürbiskernöl
2 EL Kürbiskerne
½ TK Kräutersalz

Die Kräuter sehr fein schneiden oder pürieren, die Kerne zerhacken und beides mit Kürbiskernöl verrühren. Mit Kräutersalz abschmecken und im Kühlschrank lagern.

Baguette

Kürbiskernöl
Baguettebrot

Das Brot im Backofen erwärmen, in Scheiben schneiden, mit Öl beträufeln und genießen.

Geschenke

Öl und Kerne

Dieses kostbare Öl gibt es in dekorativen Flaschen. Ein Beutel Kerne dazu, und Sie haben etwas für Feinschmecker.
Die Kerne entweder im Beutel belassen und an die Flasche hängen oder in eine lose Glas- oder Porzellanschale streuen und die Flache dazulegen. Mit einer durchsichtigen Folie bespannen und verschenken.

Kürbispaket

1 dekorative Flasche Kürbiskernöl (z. B. Ölmühle Solling)
1 Glas Kürbiskernmus (Naturkosthandel)
1 Beutel Kürbiskerne (Naturkosthandel, Delikatessgeschäfte)
2–3 kleine Hokkaidokürbisse (Naturkosthandel)
1 Korb oder Tablett

Sicher ein ungewöhnliches, aber gerne genommenes Geschenk. Hokkaidokürbisse werden im Herbst geerntet und lassen sich, leicht gekühlt, bis Ende Dezember aufbewahren. Sie schmecken am besten als Gemüse hergerichtet; gekocht und püriert mit Sahne verfeinert wird eine leckere Suppe daraus.
Alle Geschenke auf dem Tablett oder im Korb dekorieren und unverpackt verschenken.

Leinöl (Linum usitatissimum / Oleum Lini)

Pflanze und Gewinnung

Lein oder auch Flachs genannt ist ein blau blühende, einjährige, 1 Meter hohe Pflanze, die in fast ganz Europa verbreitet ist.
Aus den Samen wird per Kaltpressung das süßliche Öl gewonnen. Es darf nicht erhitzt werden und schmeckt schon nach kurzer Zeit bitter oder fischig und wird allmählich ungenießbar.
Ranziges Leinöl ist ein natürlicher „Linoleumersatz", denn es härtet schnell aus und schützt Holz, Leder und porige Fliesen (Terrakotta). Frisches, noch nicht ranziges Öl benötigt für die Aushärtung 3–5 Tage und ist in dieser Zeit klebrig, ranziges Öl härtet in kürzerer Zeit aus.

Besonderheiten

Leinöl ist eines der gesündesten und wirkungsvollsten Speiseöle überhaupt, zudem ist es das einzige Öl, welches man auch überlagert und ungenießbar zumindest für die Leder- und Holzpflege noch gut verwenden kann.

Hauptwirkung

Leinöl wird schmerzlindernde Wirkung nachgesagt. Der Gehalt an dreifach ungesättigter Fettsäure ist mit 57 % am höchsten. Daher ist das Öl besonders gut zur Pflege kranker und empfindlicher Haut geeignet.

Gesundheit

Allergische Hautreaktion, Neurodermitis, Milchschorf

500 ml Leinöl
30 g Süßholz
25 g Kamillenblüten

Geheilt werden kann auch mit dieser Ölmischung nicht. Aber es ist einen Versuch wert, damit zumindest Erleichterung zu verschaffen.
Den Ölauszug herstellen und nach dem Filtern im Kühlschrank aufheben. Die betroffenen Hautareale nach einem Allergietest je nach Bedarf mehrmals täglich einreiben.

Diese Mischung kann, wie alle nachfolgenden auch, als Badezusatz verwendet werden.
Auf besonders schlimm betroffene Stellen ein Öltuch auflegen, mit einem Frotteetuch bedecken und mit einer Bandage fixieren.
Dieser Ölauszug kann mit Sandelholz angereichert werden. Fügen Sie zunächst 1 Eßlöffel Ölauszug 3–5 Tropfen Sandelholz zu und testen Sie die Verträglichkeit ein paar Tage, bevor Sie den ganzen Vorrat mit dem Sandelholz ergänzen.

500 ml Leinöl
30 g Ringelblume
20 g Kamille

Einen Ölauszug herstellen und die betroffenen Stellen wie oben beschrieben behandeln.

Neurodermitis, Milchschorf mit Allergie gegen die oben angewendeten Heilkräuter

Leinöl pur auftragen oder per Öltuch einziehen lassen.

Allergische Hautreaktion, Neurodermitis

Täglich etwas Leinöl im Salat oder in der Rohkost tragen zur Linderung bei.
oder:

1 EL Leinöl
1 Tropfen Kamille
5 Tropfen Sandelholz

Die betroffenen Stellen mehrmals täglich damit einölen.

Gürtelrose

10 ml Leinöl
3 Tropfen Kamille blau
10 Tropfen Teebaum

Sofern die Stelle berührt werden kann, lindert dieses Öl die Schmerzen geringfügig und unterstützt die Heilung. Entweder einreiben oder ein Öltuch auflegen.

Erfrierung

10 ml Leinöl
10 Tropfen Teebaum

Die betroffenen Stellen einreiben oder besser ein Öltuch auflegen. Schwere Erfrierungen gehören in ärztliche Behandlung.

Heilöl für jede Art von Muskel- und Gelenkschmerz

300 ml Leinöl
10 g Kamillenblüten
10g Arnikablüten
50 Tropfen Rosmarin
30 Tropfen Thymian

Dieses schmerzlindernde Heilöl sollte man bevorraten, denn es lindert und fördert den Heilprozeß bei vielen Erkrankungen. In der Indikationsliste sind Beispiele genannt. Es sollte wegen der kurzen Haltbarkeit im Kühlschrank aufbewahrt werden.
Denken Sie rechtzeitig daran, bevor das Heilöl verbraucht ist, neues anzusetzen.
Vor allem Ölwickel sind sehr hilfreich und schmerzlindernd.

oder

100 ml Leinöl
50 Tropfen Rosmarin
20 Tropfen Thymian
10 Tropfen Bay

Das Öl mischen und an der betroffenen Stelle mehrfach einmassieren oder ein Öltuch anbringen.

Kühlendes Heilöl bei Verrenkungen, Verstauchungen, Prellungen, Quetschungen und Gichtanfällen

1 EL Leinöl
10 Tropfen Rosmarin
3 Tropfen Thymian
10 Tropfen Pfefferminze

Das Gelenk mehrfach mit diesem Öl einreiben.

oder

100 ml Leinöl
50 Tropfen Rosmarin
10 Tropfen Thymian
50 Tropfen Pfefferminze

Öltücher herstellen und wie oben beschrieben auflegen.

Der Tip für jedes Gelenk- und Muskelöl:

Wird ein *kühlender* Effekt erwünscht, kurz vor der Anwendung je Teelöffel Gelenköl 2–5 Tropfen Pfefferminze dazutropfen.

Wird ein *wärmender* Effekt erwünscht, kurz vor der Anwendung je Teelöffel Gelenköl 2 Tropfen Bay dazutropfen.

Narbenpflege

200 ml Leinöl
5 g Ringelblume

Zur Narbenpflege sollte der Ölauszug angesetzt werden, sobald die Narbe entstanden ist. Nach 10–14 Tagen das Öl durchsieben und mit der Narbenmassage beginnen.

Mundwinkelrisse und Wundheilstörungen

100 ml Leinöl
2 g Ringelblume
20 Tropfen Teebaum

Den Ölauszug auf eine Heizung stellen und nach wenigen Tagen absieben, mit Teebaum anreichern und mehrfach auf die betroffenen Stellen auftragen. Wundheilstörungen gegebenenfalls mit einem Öltuch behandeln.

Leichte Verbrühungen, Brandwunden und Verbrennungen

1 TL Leinöl
10–20 Tropfen Lavendel

Die betroffene Stelle mehrfach mit diesem Öl behandeln. Blasen auf keinen Fall aufstechen. Schwere Verbrennungen gehören in ärztliche Behandlung. Sobald die Wunden geschlossen sind, mit einer Narbenpflege beginnen.

Arteriosklerose
Salate, Rohkostgerichte und gekochtes Gemüse mit Leinöl anrichten.

Kosmetik

Hautpflege, auch nach einem Sonnenbad
Jede leichte Hautirritation läßt sich gut mit Leinöl, pur aufgetragen, lindern.

Pflege nach dem Sonnenbad
100 ml Leinöl
20–30 Tropfen Lavendel

Nach jedem Sonnenbad den Körper mit dieser Mischung einölen. Hat man allerdings danach noch eine „lange Nacht" vor sich, sollte man sich erst später einölen oder Leinöl pur auftragen, denn Lavendel macht müde!

Wetterschutz
Das Öl pur aufgetragen schützt die Haut bei Wind und Wetter.

Küche

Gemüse und Kartoffeln
Leinöl schmeckt zu allen Gemüsegerichten, Kartoffeln und zu Rohkost. Ich stelle das Öl aber nur auf den Tisch und überlasse es den Gästen, selbst das Essen mit Leinöl zu verfeinern. Nicht alle mögen den intensiven Geschmack. Alternativ biete ich immer noch weitere Speiseöle an.

Quarkspeise
250 g Magerquark
2–3 EL Leinöl, je nach Geschmack
1 Bund Schnittlauch
Salz
Pfeffer

Den Schnittlauch kleinschneiden und zusammen mit dem Öl im Quark verrühren. Mit Salz und Pfeffer abschmecken und zu Pellkartoffeln essen. Ein Gericht für heiße Sommertage.

Geschenke

Massageöl für müde Muskeln

dekorative Flasche für 100 ml
etwa 90 ml Leinöl
40 Tropfen Rosmarin
15 Tropfen Thymian
20 Tropfen Teebaum

Sportler freuen sich bestimmt über dieses Geschenk, leiden sie doch gelegentlich unter solchen Problemen.
Sicher auch ein schönes Geschenk für „Schreibtischtäter", die ständig an Nackenmuskelschmerzen leiden. Dazu ein Gutschein für eine Massage von Ihnen kommt bestimmt gut an. Die Massage muß nicht „gekonnt" sein. Ein intensives Kneten und Reiben der schmerzenden Stellen, natürlich mit dem Öl, ist schon schmerzlindernd.

Gelenköltücher für ältere Menschen

Aus einem der oben erwähnten Gelenköle Öltücher herstellen und in einer schönen, dichten Dose verschenken. Menschen mit rheumatischen Beschwerden machen Sie damit sicher eine große Freude.
Ergänzen können Sie das Geschenk mit einem Gästehandtuch und einer Bandage, um einen Ölverband zu machen. Verschenken Sie es aber nur mit einer kleinen Anleitung. Fragen Sie später, ob es geholfen hat. Möglicherweise können Sie bei nächster Gelegenheit wieder frische Öltücher schenken. Gerade bei älteren Menschen, die häufig unter solchen Beschwerden leiden, weiß man oft kein sinnvolles Geschenk.

Lustiges Hochzeitsgeschenk

dekorative Flasche für 100 ml
90 ml Leinöl
1 EL Apfelessig
10 Tropfen Grapefruit

Alle 3 Zutaten vermischen, in eine leere Flasche füllen und mit einem Etikett versehen und mit „Möbelpolitur – vor Gebrauch schütteln" be-

schriften.
1 CD mit flotter Musik
Staubtücher
Putzlappen
Wischtücher
Geschirrhandtücher
Wickeln Sie die Möbelpolitur in viele übereinander gewickelte Tücher ein. Zum Schluß das „Knäuel" mit einem Geschirrhandtuch umwickeln und mit einer dicken Schleife versehen. Diese könnte ein farblich passendes Spültuch sein.
Alles, ohne Verpackungen, läßt sich natürlich auch gut in einem Putzeimer dekorieren.
Das Geschenk ist natürlich nur etwas für Menschen, deren Musikgeschmack Sie gut kennen und die viel Humor haben. Mit der Musik soll der Hausputz erträglicher gemacht werde, Grapefruit dabei die Laune verbessern.

Der besondere Tip

Lederpflege
Jede Art von glattem Leder kann mit Leinöl gepflegt werden. Dazu das Öl mit einer Schuhbürste oder einem Tuch auftragen. Nach wenigen Minuten mit einem weichen Tuch nachpolieren.

Holzversiegelung
Leinöl, pur

oder

Leinöl
10% Bienenwachs, verflüssigt

Beides miteinander verrühren.
Mit einem weichen Pinsel die Holzteile einölen. Die Trockenzeit des Leinöls richtet sich nach dem Alter des Leinöls. Vor dem Auftragen etwas angewärmt, zieht es schneller ein. Das Leinöl färbt das Holz leicht gelblich. Die Holzstruktur wird hervorgehoben.

Möbelpolitur
100 ml Leinöl
1 EL Apfelessig

Beides vermischen und vor Gebrauch schütteln.

Fliesenbehandlung

Leinöl, pur

Offenporige Fliesen, z. B. Terrakottafliesen, benötigen nach dem Verlegen und zur Pflege zwischendurch einer Behandlung zur Versiegelung. Dafür werden chemische Mittel angeboten, die man durch Leinöl ersetzten kann.
Die Fliesen werden mit dem Leinöl eingepinselt oder mit einem Tuch eingerieben. Die Trockenzeit richtet sich nach dem Alter des Leinöls. Für größere Mengen lohnt es sich bei der Ölmühle Solling nach überlagertem, für die Oberflächenbehandlung geeignetem, verbilligtem Leinöl zu fragen.

Mandelöl (Prunus amygdalus var. Dulces / Amydalus)

Pflanze und Gewinnung

Der im Frühjahr so schön blühende Baum wächst vor allem im südlichen Europa, in Vorderasien und Ägypten. In Deutschland gibt es an der Deutschen Weinstraße Mandelbäume. Aus den Nüssen wird das hochwertige Speiseöl per Kaltpressung gewonnen.
Durch den hohen Wert einfach ungesättigter Fettsäuren ist es zwar zum Erhitzen geeignet, aber als Bratöl zu kostbar.

Besonderheiten

Mandelöl zieht schnell in die Haut ein und ist beliebt zur Haar- und Babypflege.

Gesundheit

Windeldermatitis

40 ml Mandelöl
10 ml Hanföl
20 Tropfen Teebaum
10 Tropfen Lavendel
5 Tropfen Kamille blau

160 ml Mandelöl
40 ml Hanföl
10 g Kamillenblüten (Ölauszug)
20 Tropfen Teebaum

Den gereinigten Babypo bei jedem Windelwechsel mit einer dieser Mischungen einölen.

Schnelle Hilfe bei Wundliegen

100 ml Mandelöl
60 Tropfen Teebaum
10 Tropfen Kamille blau

Die betroffenen Stellen mehrmals täglich einölen oder unter die Stellen 2- bis 3mal täglich für etwa 1 Stunde ein Öltuch legen.

Wundliegen

200 ml Mandelöl
5 g Kamillenblüten
20 g Süßholz
30 Tropfen Lavendel

Aus beiden Heilpflanzen einen Ölauszug herstellen, Lavendel dazugeben und die Stellen mehrmals täglich einölen oder ein Öltuch unterlegen.

Leichte Koliken bei Babys

1 TL Mandelöl
1 Tropfen Kamille blau

Den Bauch mit dieser Mischung im Uhrzeigersinn massieren.

Leichtes Bauchweh bei Kindern

2 TL Mandelöl
2 Tropfen Grapefruit
2 Tropfen Lavendel

Den Bauch mit dieser Mischung im Uhrzeigersinn massieren.

Furunkel

1 TL Mandelöl
2 Tropfen Kamille blau

Entweder die Stelle mehrfach einölen oder besser mit einem kleinen Tuch einen Ölverband machen. Dazu ein kleines Stück Papiertaschentuch mit Öl tränken, auflegen und mit einem großen Pflaster für ein paar Stunden fixieren. (Furunkel im Kopfbereich gehören auf jeden Fall in ärztliche Behandlung.)

Kosmetik

Babymassage für abends

100 ml Mandelöl
10 Tropfen Lavendel

Babymassage für tags

100 ml Mandelöl
10 Tropfen Grapefruit
3 Tropfen Sandelholz

Beide Massageöle pflegen die Babyhaut.

Altershaut

Mandelöl pur statt Creme verwenden.

Statisch geladene Haare

Alle 14 Tage, je nach Beanspruchung der Haare, die Haarspitzen mit Mandelöl pur einölen oder eine Haarpackung machen.

Haarausfall

50 ml Mandelöl
10 Tropfen Rosmarin
5 Tropfen Bay

Alle 14 Tage eine Haarpackung machen.

Kopfschuppen

50 ml Mandelöl
20 Tropfen Teebaum

Mit der Ölmischung wiederholt Packungen machen.

oder:

200 ml Mandelöl
8 g Arnikablüten
Eigelb

Aus den Arnikablüten und dem Öl einen Ölauszug herstellen.
Einmal wöchentlich eine Haarpackung machen. Dafür etwa 30 ml Ölauszug mit einem 1 Eigelb verquirlen und auf die Kopfhaut auftragen. Eine Duschhaube oder Plastiktüte überstülpen, mit einer Mütze oder einem Tuch wärmen und nach 1 Stunde auswaschen. Die Haare danach waschen. Die Ölmenge reicht für 5–6 Anwendungen.

Küche

Karottensalat

300 g Karotten
2 Orangen
4 EL Mandelöl
½ Zitrone
1 TL Honig
1 Bechertasse frischer Orangensaft
Salz

Die Karotten raspeln, die Orangen in Stücke schneiden und dazugeben. Die restlichen Zutaten zu einer Soße verrühren und mit den Karotten vermischen. Mit Salz abschmecken. Bei Bedarf mit Honig oder Zitrone nachwürzen.

Gemüse und Kartoffeln

Mandelöl schmeckt zu jedem Gemüse. Einfach kurz vor dem Servieren, beispielsweise mit frischen Kräutern, unterrühren.

Müsli

Vollkornmüsli
Milch, Joghurt oder Kefir
Mandelöl

Das Müsli mit einem Milchprodukt anrichten und mit Mandelöl beträufelt genießen.

Geschenke

Dekoratives Öl

dekorative Flasche
Mandelöl
Mandeln

Die Mandeln zum Schälen kurz mit kochendem Wasser übergießen. Nach wenigen Minuten lassen sich die Häute abziehen. Die Mandeln trocknen lassen und in eine dekorative Flasche legen. Mit Mandelöl auffüllen und zusammen mit einer schönen Essigflasche verschenken.

Kleines Geschenk für Neugeborene

200 ml Mandelöl
10 Tropfen Lavendel
20 Papiertaschentücher

In eine gut verschließbare, in der Größe passende Kunststoffdose Öltücher legen und mit „*Reinigungstücher für........(Name des Babys)...... Po*" beschriften.

Großes Geschenk für Neugeborene

Babymassageöl
Buch zur Babymassage

Wählen Sie eines der oben beschriebenen Massageöle. Vorzugsweise das Öl für abends, denn die meisten Eltern haben abends mehr Zeit.
Es ist vor allem deshalb ein „großes Geschenk", weil es Eltern und Säugling einander näher bringt und glücklich macht.

Mohnöl (Papaver somniferum)

Pflanze und Gewinnung

Der für die Ölgewinnung geeignete rotblühende Grau- und Blaumohn wächst vor allem in gemäßigten und subtropischen Klimazonen und in Deutschland. Aus der unreifen Samenkapsel wird per Anritzung ein Milch-

saft gewonnen und zu Opium verarbeitet. Mohnöl wird nur aus dem gereiften und deshalb ungiftigen, auch zum Backen geeigneten Samen gewonnen.
Die Samen der hier angebotene Mohnöle stammen meistens aus der Türkei.

Besonderheiten

Mohnöl ist reich an mehrfach ungesättigten Fettsäuren und gehört damit zu den cholesterinsenkenden Speiseölen.
Das Öl zieht schnell in die Haut ein und hat einen sehr milden Geruch.
Mohnöl kann auch zur Holz- und Lederpflege verwendet werden, da es ähnliche, aber schwächere Eigenschaften als Leinöl hat. Acryl-Künstlerfarben werden mit Mohnöl verdünnt.
Der Geschmack ist zart nussig aromatisch und paßt zu Salaten, Rohkost, Nachspeisen und Müsli.

Gesundheit

Empfindliche Babyhaut

100 ml Mohnöl
10 Tropfen Lavendel
3 Tropfen Kamille
2 Tropfen Sandelholz

Die Haut des Babys mit dieser Mischung nach jedem Baden einölen oder eine Massage durchführen.

Einschlafschwierigkeiten bei Babys

1 EL Mohnöl
5 Tropfen Lavendel

Diese Mischung dem Bad zufügen, und Ihr Kind wird anschließend besser einschlafen. Sofern Sie das Kind nicht baden möchten, einfach den Körper damit einölen.

Arteriosklerose

Salate, Rohkostgerichte und gekochtes Gemüse mit Mohnöl anrichten.

Gereizte Gesichtshaut

200 ml Mohnöl
3 g Ringelblume
5 g Kamillenblüten

Das Heilöl zur täglichen Pflege benutzen.

Kosmetik

Babypflegebad

2 TL ml Mohnöl pur in das Badewasser gießen, etwas verrühren und das Baby darin baden. Die Wanne anschließend mit einem Seifenreiniger säubern.

Babymassage für tagsüber

100 ml Mohnöl
5 Tropfen Lavendel
5 Tropfen Grapefruit
2 Tropfen Speiklavendel

Babymassage für abends

100 ml Mohnöl
10 Tropfen Lavendel

Die Öle pflegen die Babyhaut und sind für die Massage geeignet.

Altershaut

100 ml Mohnöl
20 Tropfen Lavendel
5 Tropfen Sandelholz

Das Öl statt Creme für die Gesichtspflege verwenden.

oder

250 ml Mohnöl
6 g Ringelblume

Einen Ölauszug herstellen und zur täglichen Gesichtspflege verwenden.

Küche

Salatsoße

1 Kopfsalat, Lollo oder kleiner Eisbergsalat
3 EL Mohnöl
2 EL Balsamessig
1 Bechertasse Milch oder Sojatrunk
1 Prise Salz

oder

1 Kopfsalat, Lollo oder kleiner Eisbergsalat
3 EL Mohnöl
2 EL Balsamessig
1 Bechertasse Milch oder Sojatrunk
1–2 EL Nußmus (z. B. Cashewmus)
½ TL Honig, Ahornsirup oder Agavendicksaft
1 Prise Salz

Alle Zutaten mit einem Schneebesen vermischen und in den Salat einrühren. Diese Soße paßt nicht nur zu jedem Salat, auch zu Rohkost ist sie eine schnelle, einfache Delikatesse.

Rohkostgericht für schöne Frühlingstage

1 Salatkopf
1 Paprika
1–2 Karotten
1 Apfel
1 Kohlrabi
1–2 Tassen frische, gemischte Frühlingskräuter
5 EL Mohnöl
3 EL Balsamessig
2 Bechertassen Milch oder Sojatrunk
1 Avocado
Salz

Den Apfel und das Gemüse kleinschneiden, aus Essig, Öl, Milch und Kräutern eine Soße rühren, die Avocado zerdrücken, unterrühren und mit dem Gemüse vermischen. Mit Salz abschmecken und erst kurz vor dem Servieren in den Blattsalat einrühren.
Frühlingskräutermischungen kann man sich selbst zusammenstellen oder einfach eine „Frankfurter Soße" kaufen. Darin ist eine reichhaltige, für Salate bestens geeignete Mischung enthalten.

Gemüse und Kartoffeln

Mohnöl schmeckt zu jedem Gemüse. Einfach kurz vor dem Servieren, beispielsweise mit frischen Kräutern, unterrühren.

Geschenke

Ein Geschenk, das immer richtig ist

Mohnöl
Balsamessig

Beide Zutaten jeweils in eine dekorative Flasche füllen, mit Kärtchen oder Etikett versehen und verschenken.

Geschenk für die ältere Generation

1 dekorative leere Flasche 200 ml
etwa 200 ml Mohnöl
4 g Ringelblume
20 Tropfen Lavendel

Gerade Frauen freuen sich, vor allem im Winter, über ein gut duftendes, gesundes Gesichtsöl.

Olivenöl (Olea europaea)

Pflanze und Gewinnung

Kaum ein Öl wird soviel beschrieben wie Olivenöl.
Der Ölbaum wächst rund um das Mittelmeer und in Vorderasien. Aus dem Fruchtfleisch der reifen grünen oder braunen Steinfrüchte wird per Kaltpressung das hochwertige, vor allem in der Mittelmeerküche so beliebte Öl gewonnen.
Man hat festgestellt, daß Menschen in den Anbaugebieten weniger an Herzinfarkt sterben. Liegt es an der Tatsache, daß statt tierischem Fett (mit gesättigten Fettsäuren) nur Olivenöl zum Braten und Kochen verwendet wird? Es gibt keine genauen Untersuchungen, sondern diesbezüglich nur Vermutungen. Außerdem hat man festgestellt, daß 1–2 Tassen

Olivenöl getrunken Gallensteine lösen können. Jedoch ist von dieser Ölkur dringend abzuraten, da der Stein bei dieser Gelegenheit auch in die Gallenblase zurückwandern kann, was zu schweren Komplikationen führt. Sicher ist nur, daß es ein gesundes, cholesterinsenkendes Öl ist, das in der Küche zum Braten geeignet ist.

Besonderheiten

Der Anteil zweifach ungesättigter Fettsäuren liegt mit 76 % sehr hoch, das Olivenöl darf bis 190 °C erhitzt werden. Übersteigt es diese Temperatur, beginnt es zu qualmen und entwickelt Gifte.
Olivenöl im Kühlschrank gelagert bekommt eine butterige Konsistenz, erleidet dabei aber keinen Schaden.
Olivenöle gibt es in verschiedene Qualitäten (s. Seite 23).

Hauptwirkung

Hochwertigem Öl sagt man schmerzlindernde Wirkung bei äußerer Anwendung nach.

Gesundheit

Heilöl für jede Art von Muskel- und Gelenkschmerz, Traumata

300 ml Olivenöl
10 g Kamillenblüten
15 g Arnikablüten
100 Tropfen Rosmarin
50 Tropfen Thymian
20 Tropfen Teebaum

Aus den Blüten und dem Öl einen Ölauszug herstellen, nach dem Aussieben die ätherischen Öle hinzufügen und entweder die betreffenden Stellen einreiben oder besser mit Öltüchern behandeln.
Dieses schmerzlindernde Heilöl sollte man bevorraten, denn es lindert und fördert den Heilprozeß bei vielen Erkrankungen.
Denken Sie rechtzeitig daran, bevor das Heilöl verbraucht ist, neues anzusetzen.

oder

2 TL Olivenöl
10 Tropfen Rosmarin
5 Tropfen Thymian
5 Tropfen Teebaum

Die Öle mischen und die betroffene Stelle behandeln.

Badezusatz für jede Art von Muskel- und Gelenkschmerz

200 ml Olivenöl
50 Tropfen Rosmarin
30 Tropfen Thymian
20 Tropfen Bay
50 Tropfen Teebaum

Diese Ölmischung in einer gut verschließbaren Flasche bevorraten, denn sie reicht für 6–7 Anwendungen. Das Öl (etwa 30 ml) in die eingelaufene Wanne geben und darin baden.

Verrenkungen, Verstauchungen, Prellungen, Quetschungen und Gichtanfälle

4 EL Olivenöl
10 Tropfen Rosmarin
6 Tropfen Thymian
15 Tropfen Pfefferminze
3 Papiertaschentücher

Die genaue Menge des Öls richtet sich nach der Größe des Gelenks. Das Öltuch wie oben beschrieben auflegen. Bei starken Schmerzen nicht fixieren, denn das könnte den Schmerz verstärken.
Bei Gichtanfällen ist vor allem die Diät wichtig: beispielsweise Vermeidung von Alkohol, Hülsenfrüchten, Hefe und Innereien.

Der Tip für jedes Gelenk- und Muskelöl:

Wird ein *kühlender* Effekt erwünscht, kurz vor der Anwendung je Teelöffel Gelenköl 2–5 Tropfen Pfefferminze dazutropfen.

Wird ein *wärmender* Effekt erwünscht, kurz vor der Anwendung je Teelöffel Gelenköl 2 Tropfen Bay dazutropfen.

Hornhaut

100 ml Olivenöl
3 g Arnikablüten

Die betroffene Stelle zweimal täglich einölen. Hornhaut entsteht vor allem dort, wo der Schuh drückt!

Bluterguß

100 ml Olivenöl
3 g Arnikablüten
10 Tropfen Rosmarin

Die betroffene Stelle einreiben oder ein Öltuch auflegen.

Juckreiz

1 TL Olivenöl
1Tropfen Kamille blau

Die betroffene Stelle mit der Mischung einreiben.

Krampfadern, Venenentzündungen

200 ml Olivenöl
6 g Ringelblumen

Einen Ölauszug herstellen und die betroffenen Stellen großzügig mit dem Öl sehr sanft einölen. Dieses Öl beseitigt natürlich keine Krampfadern, unterstützt aber die Therapie.

Verdauungsförderndes Massageöl

2 TL Olivenöl, pur oder mit
2 Tropfen Pfefferminze und
2 Tropfen Rosmarin

Den gesamten Bauch im Uhrzeigersinn massieren. Die Einhaltung der Richtung ist sehr wichtig, denn sonst wird die Verstopfung verstärkt. Das Olivenöl erleichtert die Massage, die ätherischen Öle regen die Durchblutung an. Die Massagezeit richtet sich nach der Intensität der Beschwerden.

Leichte Bauchkrämpfe

2 TL Olivenöl, pur oder mit
3 Tropfen Lavendel

Den gesamten Bauch im Uhrzeigersinn massieren. Die Massagezeit richtet sich nach der Intensität der Beschwerden.

Kater

1 EL Olivenöl
1 EL Zitrone

Verquirlt, vor und nach dem Alkoholgenuß eingenommen, soll gegen Kater helfen – ein Rezept aus dem Mittelmeergebiet!

Arteriosklerose

Olivenöl zum Braten verwenden.

Verstopfung

Olivenöl fördert die Verdauung.

Kosmetik

Olivenöl zieht gut ein und ist für die Hautpflege bestens geeignet. Da der Geruch intensiv ist, wird es manchmal abgelehnt.

Hautpflege

250 ml Olivenöl
3 g Ringelblumen
15 g Süßholz

Aus den Zutaten einen Ölauszug herstellen und zur Körperpflege nach dem Duschen oder Baden verwenden.

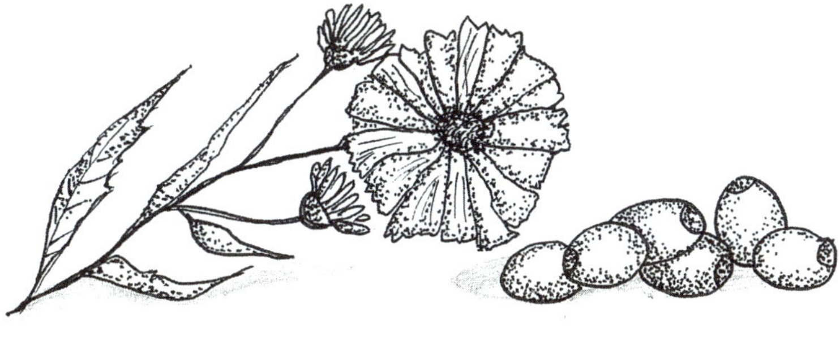

Küche

Zucchini

4–6 EL Olivenöl
1 Glas Tomatenmark
etwa 400 g Zucchini
2 frische Rosmarinstengel
reichlich frische Basilikumblätter
3 Knoblauchzehen
Salz

Knoblauch und Tomatenmark im Olivenöl etwa 2–3 Minuten unter ständigem Rühren anbraten, Zucchini und Rosmarin dazugeben und bei geringer Hitze mit aufgelegtem Deckel garen. Dabei gelegentlich umrühren. Mit Salz abschmecken und kurz vor dem Servieren das Basilikum unterrühren. Schmeckt göttlich zu Nudeln, Reis und Kartoffeln.

Mandelbrokkoli

1 Portion Brokkoli
1 Tasse Mandelscheiben
3 bis 4 EL Olivenöl
Salz

Den Brokkoli im Gemüsedünster oder mit wenig Wasser dünsten.
Die Mandelscheiben im Olivenöl unter ständigem Rühren braten, salzen und noch heiß vor dem Servieren über das Gemüse streuen.

Griechische Bratkartoffeln

festkochende Kartoffeln
Olivenöl
Basilikum, getrocknet
Kräutersalz

Die rohen Kartoffeln in dünne Scheiben schneiden, waschen, trocknen und in reichlich Olivenöl braten. Dabei häufig rühren, ohne dabei die Kartoffeln zu zerdrücken. Die fertigen Kartoffeln so aus dem Topf nehmen, daß nicht alles Öl mit in die Servierschüssel kommt. Mit Salz und Basilikum würzen und servieren.

Antipasti

Paprika, Aubergine, Zucchini
Olivenöl
Salz
Basilikum, Oregano

Das Gemüse in reichlich Olivenöl bei mittlerer Hitze dünsten, abkühlen lassen, salzen, würzen und mit oder ohne Zitrone servieren.

Bärlauchpesto

100 ml Olivenöl
100 g frischer Bärlauch
1 TL Pistazien oder Sonnenblumenkerne
1 TL Parmesan
½ TL Salz

Der kleingeschnittene oder pürierte Bärlauch muß vollständig mit Olivenöl bedeckt werden. Mit Salz abschmecken und je nach Geschmack Kerne und Parmesan dazugeben.
Gekühlt hält diese, zu beinahe allem passende Soße mehrere Wochen.

Schnelles Gewürzöl

3 EL Olivenöl
1 Tropfen Thymian
2–3 Tropfen Rosmarin

Dem Olivenöl tropfenweise die beiden ätherischen Öle zufügen. Die Menge richtet sich nach dem Geschmack. Da das ätherische Öl sehr intensiv ist, muß damit sehr sparsam umgegangen werden.

Tomatenmark konservieren

Angebrauchtes Tomatenmark, mit Olivenöl bedeckt, hält sich, gut gekühlt, ein paar Tage im Kühlschrank.

Geschenke

Für Mittelmeerfans

Buch zum Thema Olivenöl
Olivenöl

Ein schönes Buch, kombiniert mit einem darin beschriebenen Öl kommt bei allen an, die das Mittelmeergebiet mit der dortigen Küche lieben.

Gewürzöl

dekorative Flasche
Olivenöl
Rosmarinstengel
Thymianstengel
Oreganostengel
Knoblauchzehen
Peperonischoten
bunter Pfeffer
Oliven

Alle getrockneten Kräuter, Peperoni, Knoblauchzehen, Oliven und Pfeffer in eine dekorative Flasche stecken und mit Olivenöl aufgießen.

Rapsöl (Brassia napus)

Pflanze und Gewinnung

Zur Zeit ist Rapsöl noch selten zu bekommen, wird aber in Zukunft mehr an Bedeutung gewinnen. Vor allem im Norden Deutschlands kann man im Frühsommer die herrlich intensiv nach Honig duftenden Rapsfelder bestaunen. Sie sind leuchtend gelb und verzaubern die Landschaft.
Ein gepflückter Strauß hält leider nicht lange, verbreitet aber tollen Frühlingsduft.
Im Herbst werden die entstandenen Samen geerntet und meist zu Industrieöl verarbeitet. Für die Naturkost wird aus den Samen der erukasäurefreien Sorten per Kaltpressung das Speiseöl gewonnen (Erukasäure schädigt den Herzmuskel).
Aufgrund der Tatsache, daß es aus heimischem Anbau stammt, entfallen teure Transportkosten.

Besonderheiten

Dieses „Universalöl" ist zum Braten und für Salate gleichermaßen geeignet.

Rapsöl wird in Kombination mit Ei- und Milchprodukten nicht bitter, ist also für die Herstellung von Mayonnaise und Marinaden geeignet.

Hauptwirkung

Der hohe Gehalt einfach ungesättigter Fettsäuren macht es zu einem guten Bratfett, der 9%ige Anteil dreifach ungesättigter Fettsäuren zu einem gesunden Salatöl.

Gesundheit

Allergische Hautreaktion, Neurodermitis

Zum Kochen Rapsöl verwenden. Beim Braten werden, durch die hohe Temperatur, die dreifach ungesättigten Fettsäuren zerstört.

Arteriosklerose vorbeugen

Für Salatsoßen, zum Braten von Fleisch, Gemüse, Pfannkuchen, Reibekuchen und der dergleichen Rapsöl verwenden.

Kosmetik

Haut- und Haarpflege

Durch den Gehalt an dreifach ungesättigten Fettsäuren ist das Rapsöl für die Hautpflege gut geeignet, kann aber bei empfindlicher Haut zu Hautreizungen führen.

Hautöl für normale Haut

½ TL Rapsöl
1 Tropfen Lavendel

Beide Öle in der hohlen Hand mischen und die Hände damit einölen. Den Ölrest auf den Unterarmen verteilen.

Küche

Mayonnaise

2 Eigelb
Salz
2 EL Essig oder Zitrone
250 ml Rapsöl

Alle Zutaten müssen Zimmertemperatur haben. Das leicht gesalzene Eigelb mit einem Mixer schaumig schlagen und das Rapsöl zunächst tropfenweise hinzufügen, später etwas schneller. Wird das Öl zu schnell beigefügt, gerinnt das Ganze. Wird die Konsistenz zu fest, tropfenweise den Essig dazugeben.

Marinade

1 Salatkopf
4 EL Rapsöl
2 EL Essig
1 Prise Zucker
2 Prisen Salz
1 Prise Pfeffer

Alle Zutaten cremig schlagen und über den Salat gießen, vermengen und servieren.

Salatsoße mit saurer Sahne

1 Becher saure Sahne oder Schmand
3 EL Rapsöl
2 El Essig oder Zitrone
1 Prise Salz

Alle Zutaten vermischt ergeben eine cremige, auch bei Kindern beliebte, Salatsoße. Sie paßt zu jedem Blattsalat.

Fleisch, Gemüse

Jedes Fleisch und jedes Gemüse läßt sich mit Rapsöl braten.

Gepuffte Reisnudeln

Reisnudeln (Asienläden)
Rapsöl
Kräutersalz oder Zucker

Einen kleinen Kochtopf etwa 3–5 cm mit Rapsöl füllen und erhitzen. In das heiße Rapsöl kleine Mengen Reisnudeln streuen und nach wenigen Sekunden mit einer Gabel die gepufften Reisnudeln aus dem Topf holen. Schmeckt gesalzen oder gesüßt als Nascherei oder pur als Suppenbeilage anstelle von gekochten Nudeln.

Schnittlauchpesto

100 ml Rapsöl
4 Bund Schnittlauch
¼ TL Kräutersalz

Den Schnittlauch sehr fein schneiden, zusammen mit dem Öl in ein Glas füllen, nach Geschmack salzen und gekühlt aufbewahren.

Geschenke

Duftendes Geschenk

1 großer Rapsstrauß
1 Flasche Rapsöl
1 bunte Karte mit Rezepten
1 Band zum Anhängen der Karte

Der Strauß hält leider nicht lange, duftet aber aromatisch nach Honig. Ohne Rezepte würde ich das Rapsöl nicht verschenken, denn wer weiß schon, daß es ein Bratöl ist.

Partygag

Statt dem üblichen Salat nehmen Sie doch mal eine große Schüssel gepuffte, salzige Reisnudeln mit! Ich habe noch niemanden erlebt, der diesen Snack nicht mochte.

Hochzeitsgeschenk

1 Pfanne
1 Pfannenheber
1 Flasche Rapsöl
Rezepte oder dieses Buch dazu

Gute Pfannen, vor allem gußeiserne, sind ein gerne gesehenes Geschenk. Wer kauft für sich selbst schon eine so teure Pfanne.

Sesamöl (Sesamum indicum / orientale)

Pflanze und Gewinnung

Ursprünglich aus Indien kommend, wird Sesam inzwischen in ganz Asien, Afrika und Südeuropa angebaut.
Die Pflanze ist ein bis zu 1 m hoch wachsendes Kraut mit Samenkapseln. In ihnen befinden sich zahlreiche Samen, woraus das aromatische Öl gewonnen wird. Die Ernte ist allerdings nicht einfach und erinnert an den Spruch: „Sesam öffne dich". Die Reifezeit der Samenkapseln ist unterschiedlich, zudem platzen sie und zerstreuen die Samen, sobald sie reif sind. Entsprechend muß per Hand geerntet werden. Ein Grund für den hohen Preis des so kostbaren Öls.
Der Geschmack wird noch aromatischer, wenn die Samen vor dem Pressen geröstet werden. Leider gehen dabei viele wertvolle Inhaltsstoffe verloren.

Besonderheiten

Der Anteil hohe Anteil (13 %) an Alpha-Linolensäure macht es zu einem besonders gesundem Speiseöl für die kalte Küche.
Sesamöl schützt die Haut mit dem Lichtschutzfaktor 2 vor Sonnenstrahlen.

Hauptwirkung

Sesamöl hat entgiftende Wirkung bei der Anwendung als Ölziehkur und den Lichtschutzfaktor 2.

Gesundheit

Zahnfleischbluten

1 EL Sesamöl
1 Tropfen Teebaum

Eine allmorgendliche Ölziehkur kräftigt das Zahnfleisch.

Mundgeruch

1 EL Sesamöl
1 Tropfen Pfefferminze

Eine allmorgendliche Ölziehkur erfrischt und reinigt das Zahnfleisch.

Aphthen

1 EL Sesamöl
2–3 Tropfen Teebaum

2- bis 3mal täglich das Öl für 10 Minuten „kauen" und ausspucken.

Entgiftung / innere Reinigung

1 EL Sesamöl

Eine allmorgendliche Ölziehkur trägt zur Körperentgiftung bei.

> **Der Tip zur Ölziehkur:**
>
> Sonnenblumenöl ist genauso geeignet, entwickelt aber einen etwas anderen Geschmack. Probieren Sie einfach beide aus, und wählen Sie selbst.

Arteriosklerose

Salate, Rohkostgerichte und gekochtes Gemüse mit Sesamöl anrichten.

Kosmetik

Leichter Sonnenschutz

Vor dem Sonnenbad den Körper mit Öl einreiben. Der Lichtschutzfaktor ist mit 2 nur gering. Entsprechend kurz darf auch nur das Sonnenbad sein.

Küche

Chinaküche

Gegartes Gemüse mit Sesamöl angerichtet bekommt eine asiatische Note.

Müsli
Jedem Müsli kann man eine kleine Menge Sesamöl zur Verfeinerung beifügen. Die Menge richtet sich nach dem Geschmack.

Kartoffelbrei, Kartoffelklöße oder Pellkartoffeln
Sesamöl, darüber geträufelt, macht Kartoffelgerichte zu delikaten und vor allem gesunden Gerichten.

Spargel
Statt mit geschmolzener Butter sollten Sie Spargel einmal mit Sesamöl probieren.

Geschenke

Chinesisches Geschenk
Sesamöl zusammen mit einem Kochbuch zur chinesischen Küche verschenken.

Sesam öffne dich
Sesamöl
Sesamsaat
Sesamkrokant (s. u.)

Alle drei Geschenke in eine Schachtel verpacken und mit „Sesam öffne dich" beschriften.

Sesamkrokant
1 Tasse Rohrzucker
1 Tasse Sesamsaat

Zunächst den Zucker in einer Pfanne auflösen. Vorsicht, er wird sehr heiß. Dabei ständig rühren, bis er flüssig ist. Sesamsaat dazugeben und so lange weitergaren, bis eine cremige Masse entsteht. Dabei ständig rühren, denn es brennt schnell an und wird bitter.
Die heiße, cremige Masse mit einem langen Messer auf einem großen Holzbrett dünn verstreichen. Dabei ist es hilfreich, wenn man ein 2. kleines Messer zusätzlich hat, um das große sofort zu reinigen. Die ganze Aktion muß schnell gehen, ist klebrig und heiß, aber durchaus lohnend. Der Geschmack ist köstlich.
Nach dem Erkalten läßt sich das Ganze in Stücke brechen. In einer Dose oder einem Beutel kann man es mehrere Monate bevorraten.

Sonnenblumenöl (Helianthus annuus)

Pflanze und Gewinnung

Die schönen, bis zu 3 m hohen, einjährigen Sonnenblumen gewinnen zunehmend an Beliebtheit. Die Spanier brachten im 16. Jahrhundert die ersten Samen aus Mexiko mit. Etwa 200 Jahre später begann der Anbau zur Ölgewinnung.
Schützt man die Blume im Spätsommer vor den hungrigen Vögeln, kann man Sonnenblumenkerne ernten. Der Name wird von der Tatsache abgeleitet, daß die Blumen ihre Köpfe stets Richtung Sonne drehen.
Im Öl sind viele wertvolle mehrfach ungesättigte Fettsäuren enthalten. Das Öl sollte also nicht zum Braten verwendet werden.
Viele der im Lebensmittelhandel angebotenen Öle stammen nicht aus erster Kaltpressung. Deshalb: Augen auf und das Etikett lesen.

Besonderheiten

Das Sonnenblumenöl schützt etwas vor Sonnenstrahlen. Es reicht aber selbstverständlich nicht aus, um anschließend ein Sonnenbad zu nehmen. Das Sonnenblumenöl, gepreßt aus den „High oleic"-Samen, einer besonderen Züchtung aus Rußland, ist hocherhitzbar, weil der Anteil einfach ungesättigter Fettsäuren bei 65–80 % liegt. Dieses, dem Erdnußöl entsprechende Bratöl ist auf der Flasche gekennzeichnet. Alle nachfolgenden Anwendungen und Rezepte gelten nicht für dieses Öl.

Hauptwirkung

Sonnenblumenöl wird leicht desinfizierende Wirkung nachgesagt und hat den Lichtschutzfaktor 2

Gesundheit

Zahnfleischentzündungen

1 EL Sonnenblumenöl
1 Tropfen Kamille blau

Eine mehrtägige morgendliche Ölziehkur trägt zur Heilung bei. (Ständige

Zahnfleischentzündungen oder -blutungen gehören in zahnärztliche Behandlung, können außerdem eine allergische Reaktion auf eine Zutat in der Zahncreme sein oder auf eine Nierenerkrankung hinweisen.)

Durchblutungssteigernd und leicht Blutdruck anhebend

30 ml Sonnenblumenöl
5 Tropfen Grapefruit
20 Tropfen Rosmarin
5 Tropfen Bay

Aus dieser Mischung ein Badeöl herstellen, in die gefüllte Wanne gießen und ein Bad nehmen.

Erkältung, Husten, Schnupfen bei Erwachsenen

30 ml Sonnenblumenöl
3 Tropfen Kamille blau oder einen Kamillenölauszug verwenden
20 Tropfen Speiklavendel
20 Tropen Teebaum
10 Tropfen Thymian

Aus dieser Mischung ein Badeöl herstellen, in die gefüllte Wanne gießen, ein Bad nehmen und anschließend naß, mit einem Handtuch umwickelt, ins warme Bett legen.

Erkältung, Husten, Schnupfen bei Kindern

20 ml Sonnenblumenöl
3 Tropfen Kamille blau oder einen Kamilleölauszug verwenden
10 Tropfen Speiklavendel
10 Tropen Teebaum
2 Tropfen Thymian

Aus dieser Mischung ein Badeöl herstellen, in die gefüllte Wanne gießen und das Kind darin baden. Anschließend nicht abtrocknen und mit einem Handtuch umwickelt ins warme Bett legen.

oder

100 ml Sonnenblumenöl
5 Tropfen Kamille blau oder einen Kamilleölauszug verwenden
20 Tropfen Speiklavendel
20 Tropen Teebaum
5 Tropfen Thymian

oder

100 ml Sonnenblumenöl
50 Tropfen Lavendel (1 ml)

Mit einer der beiden letzten Mischungen einen Brustölwickel machen und über Nacht dort belassen. Bei größeren Kindern alle Mengen verdoppeln.

Sonnenbrand, Verbrennungen, Verbrühungen

30 ml Sonnenblumenöl
30–50 Tropfen Lavendel

Die betroffenen Körperareale großzügig mehrmals mit dieser Mischung einölen.

Abszesse

1 TL Sonnenblumenöl
1 Tropfen Kamille blau
3–5 Tropfen Teebaum

Die betroffenen Stelle mehrfach mit diesem Öl bestreichen.

Kleine Schnitt- und Schürfwunden

½ TL Sonnenblumenöl
10 Tropfen Lavendel

Die Wunde vorsichtig mit diesem Öl behandeln. Kinder mögen auch den Geruch von Lavendel. Der tröstet! Wir haben einen kleinen Jungen in der Familie, der schon auf dem Weg zu uns seine Finger nach kleinen Kratzern absucht, weil er den Geruch unter dem Pflaster so mag.
Bleibt etwas von dieser Ölmischung übrig, einfach in einer leeren Lavendelflasche bevorraten.

Wundbehandlung, Beingeschwüre

20 ml Sonnenblumenöl
10 Tropfen Lavendel
10 Tropfen Teebaum

Sobald sich größere Wunden zu schließen beginnen, diese mehrfach mit dieser Ölmischung behandeln. Kommt es zu einer Narbe, anschließend mit dem Narbenpflegeöl (siehe Leinöl) massieren.

Arteriosklerose

Salate, Rohkostgerichte und gekochtes Gemüse mit Sonnenblumenöl anrichten.

Kosmetik

Dieses Öl ist für jede Art der Haut- und Haarpflege gut geeignet. Wem das Mandelöl zu teuer ist, der sollte Sonnenblumenöl zur Haarpflege verwenden.

Küche

Einfache Salatsoße

3 EL Sonnenblumenöl
2 EL Essig
1 Prise Salz
Gartenkräuter

Alle Zutaten vermischt ergeben eine schnelle, einfache Salatsoße.

Karottensalat

300 g Karotten
4 EL Sonnenblumenöl
3 EL Zitrone
Saft von 1 Orange
1 EL Honig
½ TL Salz
Sonnenblumenkerne

Die Karotten kleinraspeln und alle anderen Zutaten gut vermischt unterrühren. Mit Zitrone oder Honig gegebenenfalls noch mals nachwürzen. Die zuvor ohne Fett gerösteten Sonnenblumenkerne darüberstreuen.

Geschenke

Sonnengeschenk

1 Flasche Sonnenblumenöl
mehrere Beutel ungeschälte Sonnenblumenkerne (arabische oder türkische Geschäfte)
1 große Sonnenblume mit kurzem Stiel
1 flaches leeres Glas
1 flacher Korb
gelbes oder rotes Seidenpapier

Den Korb mit leicht zerknittertem Seidenpapier auslegen, die Blüte in das zunächst leere Wasserglas stecken und in den Korb stellen. Wasser würde ich erst in das Glas gießen, wenn es am Ziel angekommen ist und einen festen Platz hat.
Mit den losen Sonnenblumenkernen und dem Öl zu einem dekorativen Präsentkorb herrichten.

Familiengeschenk an Großeltern

1 Flasche Sonnenblumenöl
1 großes Etikett
1 Beutel Sonnenblumenkerne (soweit diese gegessen werden können)
1 Strauß Sonnenblumen

Großeltern freuen sich immer über selbstgemalte Bilder ihrer Enkel. Warum also nicht das Originaletikett mit heißem Wasser ablösen und von einem Enkelkind ein neues malen lassen? Kommt bestimmt sehr gut an. Das Haltbarkeitsdatum sollte mit einem kleinen Etikett auf den Flaschenboden geklebt werden.

Familiengeschenk von Großeltern

1 leere Medizinflasche, 20 ml
1 kleines Etikett
knapp 20 ml Sonnenblumenöl
10–20 Tropfen Lavendel (je nach Alter der Kinder)
3 Tropfen Kamille blau
Kinderpflaster

Familien mit Kindern freuen sich sicher über eine Ölmischung für Schürf- und Schnittwunden und eine Packung Kinderpflaster.

Wenn Sie noch *„Omas Heilöl"* oder *„Opas Heilöl"* auf das Etikett schreiben, wird es bestimmt noch besser helfen.

Walnußöl (Juglans regia)

Pflanze und Gewinnung

Walnußbäume wachsen in Asien, Mittel-, West- und Südeuropa und tragen im Herbst große Nüsse, die zunächst frisch oder später getrocknet verzehrt werden. Nüsse ohne Schalen sollte man kühl lagern. So auch das besonders hochwertige Öl, denn es hat einen hohen Anteil mehrfach ungesättigten Fettsäuren. Es darf nicht erhitzt werden und schmeckt köstlich zu Rohkost oder Pellkartoffeln.

Besonderheiten

Besonders delikate Walnußöle, meistens aus gerösteten Nüssen, werden in Frankreich hergestellt. Es gibt dort Anbauer, die „Walnußölproben", vergleichbar mit der Weinprobe, anbieten.
Walnußöl zieht schnell in die Haut ein und ist deshalb gut zur Hautpflege geeignet.

Hauptwirkung

Walnußöl ersetzt beinahe Hanföl und kann dementsprechend auch so verwendet werden.

Gesundheit

Insektenstiche, Warzen, Hühneraugen, Afterjucken

Walnußöl
Teebaum

Beides zu gleichen Teilen mischen und auf die betroffenen Stellen, je nach Bedarf, mehrfach auftragen.

Mundwinkelrisse, Lippenherpes

½ TL Walnußöl
5 Tropfen Teebaum

Die Mundwinkel oder Lippen mehrfach mit dieser Ölmischung behandeln. (Mundwinkelrisse können ein Zeichen von Eisenmangel oder Mangel an Vitaminen aus der B-Gruppe sein.)

Arteriosklerose

Salate, Rohkostgerichte und gekochtes Gemüse mit Walnußöl anrichten.

Kosmetik

Trockene, aufgesprungene Lippen

Walnußöl pur ersetzt den Fettstift. Eine sofortige Verbesserung ist spürbar.

Hautpflege

Jede Hautirritation läßt sich sehr gut mit Walnußöl pur lindern.

Küche

Walnußöl ist eines der delikatesten Speiseöle. Probieren Sie es einmal zu Müsli, Pellkartoffeln, Spargel, Artischocken, Maiskolben und allen anderen Gemüsesorten.

Delikate Salatsoße

3 EL Walnußöl
2 EL Balsamessig
¼ TL Kräutersalz
Pfeffer

Den Salat mit dieser Soße beträufeln und servieren.

Walnußpesto

100 ml Walnußöl
100 g frisches Basilikum
2 Walnußkerne
Salz

In einem Mörser das Basilikum zusammen mit dem Öl zu einer Paste verreiben. Mit Salz und feingeschnittenen Walnüssen abschmecken.
In einem Glas, gut gekühlt, hält es sich mehrere Wochen und schmeckt vor allem zu Nudeln.

Geschenke

Sogar in einer unschönen Flasche ist Walnußöl ein gerne gesehenes Geschenk, weil es einfach köstlich schmeckt. Eine gute Flasche Balsamessig ergänzt das für jede Person geeignete Geschenk.

Walnußnest

1 Flasche Walnußöl
ungeschälte Walnüsse
Nußknacker
Teller oder Korb

Die Walnüsse in den Teller oder Korb legen und mit dem Walnußöl und dem Nußknacker zu einem Präsentkorb machen. Ein tolles Geschenk.

Weizenkeimöl

Pflanze und Gewinnung

Große Mengen Weizen werden benötigt, um dieses kostbare, Vitamin-E-reiche Öl herzustellen. Das Öl wird aus dem Keimling gewonnen, der allerdings nur 2–3 % des Korns ausmacht.
Dieser Keimling enthält nur 9–10 % Öl. Deshalb werden etwa 330–350 kg Weizen benötigt, um 1 Liter Öl zu pressen. Dieser Weizenkeim wird bei der Herstellung von Weiß- oder Auszugsmehl, beim Mahlen in einer sogenannten Stiftmühle, isoliert. Das heißt, bei dieser Spezialmühle wird der Keim nicht beschädigt und kann anschließend ausgepreßt werden. Da es im Naturkostbereich nur Vollkornmehl gibt, wird auch kein Weizenkeimöl aus kontrolliert biologischem Anbau angeboten.
Trotzdem habe ich dieses Öl mit aufgenommen, denn es hat ein paar gute Eigenschaften.

Besonderheiten
Durch den hohen Vitamin-E-Gehalt ist es sehr lange haltbar und „konserviert" andere Öle, wenn man diese mit Weizenkeimöl ergänzt.

Hauptwirkung

Es gilt als gutes Mittel gegen Hautunreinheiten.

Gesundheit

Allergische Hautreaktionen
1 TL Weizenkeimöl
2 Tropfen Lavendel

Das Öl auf der betroffenen Stelle wiederholt verreiben.

Bindegewebsschwäche
1 TL Weizenkeimöl
3 Tropfen Grapefruit

Die betroffenen Hautareale täglich mit diesem Öl gut durchmassieren.

Schwangerschaftsstreifen
500 ml Weizenkeimöl
9 g Ringelblumen

Zu Beginn der Schwangerschaft den Ölauszug ansetzen und nach 4–8 Wochen mit der täglichen Bauchmassage beginnen. Erst wenn sich nach der Geburt der Bauch zurückgebildet hat, die Massage ausklingen lassen. Es ist zwar nicht garantiert, daß die Streifen nicht auftreten, aber sie werden zumindest gemildert. Kommt es in der Schwangerschaft zu Wasseransammlungen, auch die Oberschenkel behandeln.

Schuppenflechte
100 ml Weizenkeimöl
20–30 Tropfen Teebaum

Leider heilt es nicht unbedingt, aber eine Linderung wäre ja schon ein Fortschritt.

Die betroffenen Hautareale einölen oder über Nacht Öltücher auflegen.

Arteriosklerose
Salate und Rohkostgerichte mit Weizenkeimöl anrichten.

Kosmetik

Hautpflege
Jede Art von Hautirritation läßt sich sehr gut mit Weizenkeimöl lindern.

Hautunreinheiten und leichte Akne
1 TL Weizenkeimöl
2–5 Tropfen Teebaum

Die Haut an den betroffenen Stellen mit der Ölmischung einreiben. Leider ist es keine sichere Therapie, aber einen Versuch wert.

Küche

Weizenkeimöl schmeckt sehr aromatisch und sollte zunächst probiert werde, denn nicht allen schmeckt dieses Öl.

Kartoffelgerichte
Pellkartoffeln und Kartoffelbrei mit Weizenkeimöl sparsam übergießen und servieren.

Gemüsegerichte
Jedes Gemüsegericht kann mit Weizenkeimöl kurz vor dem Servieren gewürzt werden.

Dinkelbeilage
2 Tassen Wasser
1 Tasse Dinkel
1/2 TL Salz
Weizenkeimöl

Den Dinkel 30–40 Minuten im Wasser bei aufgelegtem Deckel garen, mit Salz abschmecken und mit etwas Weizenkeimöl nachwürzen. Zu Gemüse servieren.

Geschenke

Gegen unreine Haut oder Bindegewebsschwäche würde ich kein Öl verschenken, wer wird am Geburtstag schon gerne an einen solchen „Makel" erinnert!

Das Geschenk für werdende Mütter

1 leere Flasche, 200 ml
etwa 230 ml Weizenkeimöl
4 g Ringelblumen
10 Tropfen Lavendel
10 Tropfen Grapefuit

Einen Ölauszug herstellen und mit Lavendel und Grapefruit anreichern. Die beiden ätherischen Öle sollen vor allem dem Massageöl gegen Schwangerschaftsstreifen einen angenehmen Geruch verleihen.

Die Öl-Reiseapotheke

Zusätzlich zu den üblichen Mitteln gegen Reisekrankheit, Durchfall und so weiter können Sie sich eine kleine Reiseapotheke mitnehmen.
So haben Sie stets etwas gegen trockene Haut, Muskelverspannungen, Traumata, Sonnenbrand, Schlafstörungen, Müdigkeit und dergleichen mit dabei, ohne viel tragen zu müssen. Ganz nebenbei haben Sie auch etwas für Ihre Schuhpflege zur Hand.
Sofern es nicht zusätzlich zum Kochen verwendet wird, genügt von den Speiseölen eine kleine Menge von 100–250 ml. Wenn Sie unter chronischen Gelenkproblemen leiden, werden Sie selbstverständlich etwas mehr benötigen.
Bei Reiseausstattern gibt es kleine, bruchsichere Kunststoffflaschen für wenig Geld. Sofern Sie eine homöopathische Reiseapotheke zusätzlich mitnehmen, dürfen diese natürlich nicht nebeneinander im Gepäck liegen. Nehmen Sie die Speiseöle pur mit, und mischen Sie Ihr spezielles Heilöl erst bei entsprechenden Beschwerden.
Nehmen Sie dieses Buch mit, sofern Sie die Rezepte noch nicht kennen. Später genügt eine Liste, auf der die Wirkungen der ätherischen Öle stichwortartig erläutert sind. Auf die genaue Tropfenzahl kommt es nicht an. Ob Sie 10 oder 12 benutzen, ist unwichtig, beides wird helfen. Nur bei Kleinkindern und Nasentropfen muß sehr sparsam und genau dosiert werden.
Sofern Sie ein chronisches Leiden haben, können Sie das Heilöl natürlich schon zu Hause zubereiten, in eine bruchsichere Flasche füllen und mitnehmen.

Ihre Liste für die Reiseapotheke

- Hanföl für die „einfache" Haut- und Haarpflege, pur verwenden.
- Leinöl (oder Olivenöl) für Traumata, Hautpflege, Schuhpflege.

- Sonnenblumenöl für Erkältungsöle, leichter Sonnenschutz (Faktor 2).
- Bay wärmt und fördert die Durchblutung.
- Grapefruit verbessert die Laune bei Regenwetter.
- Kamille blau hilft gegen sehr viel, vor allem bei Entzündungen und Erkältungen.
- Lavendel hilft gegen Einschlafstörungen und ist hautpflegend, vor allem bei Sonnenbrand.
- Pfefferminze kühlt und lindert Kopfschmerzen.
- Rosmarin lindert Muskel- und Gelenkschmerzen, reizt die Haut.
- Sandelholz nur mitnehmen, wenn Sie ein Hautleiden haben.
- Speiklavendel lindert Erkältungen.
- Teebaum hilft gegen sehr viel, z. B. Wunden, Muskel- und Gelenkschmerzen, Erkältung.
- Thymian wirkt stark desinfizierend bei Erkältungen und reizt die Haut.

- 1 kleine leere Nasentropfenflasche

- Papiertaschentücher, Handtücher und Bandagen, um ein Öltuch herzustellen, bekommen Sie sicher am Urlaubsort.

Indikationsliste

Mit Speiseölen und ätherischen Ölen in der äußeren Anwendung lassen sich einige Krankheiten lindern oder Heilungsprozesse unterstützen: Die Art der Anwendung und das Rezept finden Sie bei den unterstrichenen Speiseölen. Sie können mit den nicht unterstrichenen ausgetauscht werden.

> Im Einzelfall, vor allem bei schweren Erkrankungen, muß therapeutische Hilfe in Anspruch genommen werden. Ein Asthmaanfall beispielsweise bedarf ärztlicher Hilfe, da er lebensbedrohlich sein kann; bei Gichtanfällen müssen zusätzliche therapeutische Maßnahmen ergriffen werden. Da man diese Liste fortsetzen könnte, ist die Selbstbehandlung mit Ölen in vielen Fällen nur begleitend.

Abszesse: Sonnenblumenöl, Olivenöl
Afterjucken: Hanföl, Walnußöl
Akne: Weizenkeimöl
Allergische Hautreaktion: Weizenkeimöl, Leinöl, Hanföl,
Altershaut: Mandelöl, Mohnöl, Haselnußöl, Leinöl, Hanföl, Rapsöl
Altershaut, trocken: Hanföl
Aphthen: Sesamöl
Arteriosklerose: Distelöl, Erdnußöl, Hanföl, Kürbiskernöl, Leinöl, Rapsöl, Sesamöl, Sonnenblumenöl, Walnußöl, Weizenkeimöl
Arthritis: Leinöl, Olivenöl
Arthrose: Leinöl, Olivenöl
Babymassage: Mandelöl, Mohnöl
Babypflege: Mandelöl, Mohnöl, Leinöl
Bauchweh bei Kindern: Mandelöl, Erdnußöl
Beingeschwüre: Sonnenblumenöl, Leinöl
Bienenstiche: Hanföl, Walnußöl

Bindegewebsschwäche: Weizenkeimöl, Leinöl, Hanföl
Blasenentleerungsschwierigkeiten bei Prostataleiden: Kürbiskernöl
Blasenentzündung: Erdnußöl, Kürbiskernöl
Blasenleiden: Kürbiskernöl
Blutdruck, hoch: Distelöl
Blutdruck, niedrig: Sonnenblumenöl, Distelöl
Bluterguß: Olivenöl, Leinöl
Brandwunden: Leinöl, Sesamöl, Hanföl
Depression: Distelöl
Durchblutungsstörungen: Sonnenblumenöl
Einschlafstörungen:, Distelöl, Haselnußöl
Ellenbogenschmerzen: Leinöl, Olivenöl
Entgiftung: Sesamöl, Sonnenblumenöl, Kürbiskernöl
Entspannung: Distelöl, Erdnußöl
Entzündungen: Sonnenblumenöl
Erfrierung: Leinöl, Olivenöl, Hanföl
Erkältung: Sonnenblumenöl
Erregung: Distelöl
Erschöpfung: Distelöl
Fieber: Distelöl, Mohnöl, Hanföl
Fingernägel, brüchig: Hanföl, Leinöl, Olivenöl
Frieren: Distelöl
Furunkel: Mandelöl, Sonnenblumenöl
Füße, kalte: Hanföl, Leinöl, Olivenöl
Fußpilz: Hanföl, Walnußöl
Gelenkentzündungen: Leinöl, Olivenöl
Gelenkschmerzen: Leinöl, Olivenöl
Gelenksteifigkeit nach Überanstrengung: Leinöl, Olivenöl
Gesichtshaut, gereizte: Mohnöl, Hanföl, Leinöl
Gichtanfall: Leinöl, Olivenöl
Gürtelrose: Leinöl, Olivenöl
Haarausfall: Mandelöl, Sonnenblumenöl
Haare, statisch geladen: Mandelöl, jedes Öl pur
Haarpflege: Mandelöl, Hanföl, Rapsöl, Sonnenblumenöl
Haarschäden durch Dauerwelle: Hanföl oder jedes Öl pur
Haarschuppen: Mandelöl, Hanföl
Haarspliß: Hanföl oder jedes Öl pur
Hände, nach dem Abspülen: Hanföl oder jedes Öl pur
Hände, rauhe: Hanföl oder jedes Öl pur
Hände, trockene: Hanföl oder jedes Öl pur
Haut, allergische: Leinöl, Hanföl, Rapsöl, Weizenkeimöl

Haut, empfindliche: Hanföl oder jedes Öl pur
Haut, strapazierte: Hanföl oder jedes Öl pur
Haut, trockene: Hanföl oder jedes Öl pur
Haut, unreine: Weizenkeimöl
Hautirritationen: Weizenkeimöl, Leinöl, Walnußöl, Hanföl, Mandelöl
Hautpflege: Hanföl, Rapsöl, Olivenöl, Leinöl, Weizenkeimöl, Sonnenblumenöl, Walnußöl
Hexenschuß: Leinöl, Olivenöl
Hornhaut: Olivenöl, Leinöl
Hühneraugen: Hanföl, Walnußöl
Husten: Sonnenblumenöl
Insektenstiche: Hanföl, Walnußöl
Juckreiz: Olivenöl
Kater: Olivenöl
Knieschmerzen: Leinöl, Olivenöl
Koliken, bei Babys: Mandelöl, Sonnenblumenöl, Distelöl
Kopfschmerzen: Distelöl, Haselnußöl, Hanföl
Kopfschuppen: Mandelöl, Sonnenblumenöl
Krampfadern: Olivenöl, Leinöl, Hanföl
Krämpfe: Olivenöl
Lippen, aufgesprungene: Hanföl, Walnußöl, Leinöl
Lippen, trockene: Hanföl, Walnußöl, Leinöl
Lippenherpes: Walnußöl, Hanföl
Migräne: Distelöl, Haselnußöl, Hanföl
Milchschorf: Leinöl, Hanföl
Morgenmuffel: Distelöl
Mückenstiche: Hanföl, Walnußöl
Müdigkeit: Distelöl, Mohnöl
Mundgeruch: Sesamöl, Sonnenblumenöl
Mundwinkelrisse: Walnußöl, Leinöl
Muskelkater: Leinöl, Olivenöl
Muskelverspannung: Leinöl, Olivenöl
Nackensteifigkeit durch Verspannung: Leinöl, Olivenöl
Nagelhaut, rissige: Hanföl oder jedes Öl pur
Nagelpflege: Hanföl oder jedes Öl pur
Narbenpflege: Leinöl, Hanföl
Nasennebenhöhlenentzündung: Haselnußöl, Distelöl, Sonnenblumenöl
Nasenschleimhaut, trockene: Haselnußöl, Sesamöl, Sonnenblumenöl
Neurodermitis: Leinöl, Hanföl, Rapsöl
Orangenhaut: Erdnußöl, Leinöl, Hanföl
Pilze: Hanföl

Prellung: Leinöl, Olivenöl, Hanföl
Prostataleiden: Kürbiskernöl
Quetschungen: Leinöl, Olivenöl
Reinigung, innere: Sesamöl, Sonnenblumenöl
Reizblase: Kürbiskernöl
Rheuma: Leinöl, Olivenöl
Rückenschmerzen: Leinöl, Olivenöl
Schlechte Laune: Distelöl
Schleimbeutelentzündung: Leinöl, Olivenöl
Schnittwunden, kleine bei Kindern: Sonnenblumenöl
Schnupfen: Haselnußöl, Sonnenblumenöl, Distelöl, Mohnöl
Schulterschmerzen: Leinöl, Olivenöl
Schuppenflechte: Weizenkeimöl
Schürfwunden, leichte: Sonnenblumenöl, Leinöl, Hanföl
Schwangerschaftsstreifen: Weizenkeimöl, Leinöl, Hanföl
Schweißfüße: Hanföl
Sehnenscheidenentzündung Leinöl, Olivenöl
Sonnenbad, danach: Leinöl, Erdnußöl, Hanföl
Sonnenbrand: Sonnenblumenöl, Erdnußöl, Sesamöl, Hanföl, Leinöl
Sonnenschutz: Sesamöl, Sonnenblumenöl
Streß: Erdnußöl
Stuhlverstopfung: Erdnußöl, Olivenöl
Tennisarm: Leinöl, Olivenöl
Traumata Leinöl, Olivenöl
Venenentzündungen, oberflächliche: Olivenöl
Verbrennungen, leichte: Sonnenblumenöl, Leinöl, Hanföl
Verbrühungen: Sonnenblumenöl, Leinöl, Hanföl
Verdauungsschwäche: Erdnußöl, Olivenöl
Verrenkungen: Leinöl, Olivenöl
Verstauchungen: Leinöl, Olivenöl
Verstopfung: Erdnußöl, Olivenöl
Wangen, trockene: Hanföl oder jedes Öl pur
Warzen: Hanföl, Walnußöl
Wespenstiche: Hanföl
Windeldermatitis: Mandelöl, Leinöl
Wunden: Sonnenblumenöl
Wundheilstörung: Leinöl
Wundliegen: Mandelöl
Zahnfleischbluten: Sesamöl, Sonnenblumenöl
Zahnfleischentzündung: Sonnenblumenöl

Adressenliste und Bezugsquellen

Speiseöle

Informationen
(Verkauf über Naturkostläden bzw. Reformhäuser)

Bio Planete (Hersteller)
Route de Limoux
F-11150 Bram
(haben deutschsprachige Informationen)

Biodo Naturkost (Händler)
Dieselstraße 21
D-87548 Garching

Davert Mühle (Händler)
Ascheberger Str. 2
D-48308 Senden

Fauser Vitaquell Reformwaren (Händler)
Postfach 540 629
D-22506 Hamburg

Naturata (Händler)
Postfach 1262
D-97912 Lauda - Königshofen

Rapunzel Naturkost (Händler)
Haldergasse 9
D-87764 Legau

Direktverkauf und Versand

Öhlmühle Solling (Hersteller)
Gudrun Baensch
Am Schloß 14
D-37639 Bevern
(Besichtigung & Verkauf: mittwochs)

Heilkräuter und ätherische Öle

Versand und Direktverkauf

Kräuterhaus Schulte
Schloßstraße 7
D-76593 Gernsbach

Versand der 10 ätherischen Öle

KulturGut Alte Schmiede
Abt. Speiseöle
Mühlenstraße 6
D-37194 Wahlsburg

Direktverkauf

Ätherische Öle bekommen Sie in Apotheken auf Bestellung, in vielen Naturkostläden, Reformhäusern und teilweise im esoterischen Fachhandel.
Kräuter gibt es in jeder Apotheke, Kamillenblüten und manchmal auch Süßholz in Naturkostläden und Reformhäusern.

Flaschen, Trichter und Meßbecher

Direktverkauf von Flaschen

Kleine Tropfflaschen und Pipetten führt jede Apotheke in verschiedenen Größen.

Versand und Direktverkauf von großen Flaschen

Kräuterhaus Schulte
Schloßstraße 7
D-76593 Gernsbach

Versand von Zubehör für dieses Buch

KulturGut Alte Schmiede
Abt. Speiseöle
Mühlenstraße 6
D-37194 Wahlsburg

Danksagung

Für die Informationen danke ich den oben genannten Firmen. Mein besonderer Dank gilt Gudrun und vor allem Werner Baensch. Danke auch allen Menschen, die im Vorfeld meine Rezepte und Anwendungen getestet und mir davon berichtet haben, und meinem Mann.

Meine eigenen Rezepte und Erfahrungen